ちくま新書

ルポ プーチンの

ロシアによるウクライナ侵略の記録

1702

真野森作
Mano Shinsaku

ルポ プーチンの破滅戦争――ロシアによるウクライナ侵略の記録【目次】

序章

再びウクライナへ

大破した住宅、穴だらけの乗用車、なぎ倒された街路樹、ずらりと並ぶ真新しい墓、静まり返った街、花壇の真っ赤なチューリップ――。青空の下にまだらに破壊された日常がさらけ出されている。大嵐でも津波でもなく、人間の手によって作り出された状況だ。前線では砲弾と銃弾が飛び交い、爆音、黒煙、振動、悲

ロシア軍の侵攻による戦闘で破壊された住宅
(キーウ近郊ブチャ、2022年5月2日)

ロシア軍の侵攻で死去した市民の真新しい墓が並ぶ墓地
（キーウ近郊ブチャ、2022年5月2日）

嗚、涙、流血、死が飽くことなく日々生み出されている。戦闘が終わっても、占領地では屈辱的な思想の押しつけや弾圧、相互の憎しみが続く。

これが、二〇二二年二月二四日以降のウクライナで起きていることだ。言うまでもなく、プーチン政権のロシアが始めたことだ。ただし、ウクライナ東部ドンバス地方（ドネツク、ルハンシク［ルガンスク］両州）では既に一四年からこうした状況は続いてきた。この年、南部クリミア半島もロシアに奪われ、実効支配されてきた。

二二年五月、ロシア軍の侵攻で多くの民間人が殺害されたキーウ（キエフ）近郊のベッドタウン、ブチャの墓地で、ある年老いた母親に出会った。三男をロシア兵に銃殺されたマリヤ・コノワロワ（七四）。彼女はこう訴えた。

「ここにどれだけの悲しみがあるか想像してください。私はプーチンに自身の子供たちを埋葬してみてもらいたい。そうすれば、彼が人々にどれほどの悲しみをもたらしているのか理解するかもしれません」

†なぜ、こんなことになったのか？

私はモスクワ特派員として一三年秋からウクライナ情勢をウォッチしてきた。一七年春までの任期中、クリミアやドンバス、キーウなどに繰り返し足を運び、幅広い立場の人々に話を聞いた。ロシア国内での関連取材も重ねた。二〇年春からはエジプト駐在のカイロ特派員として中東・北アフリカ諸国を担当することになり、ロシアとウクライナの報道からはいったん離れていた。だが、ウクライナでの緊張激化と戦争勃発を受けて、地中海を越えて再び現地へ取材に赴く成り行きとなった。これまでに、侵攻開始前後の二月と五月にキーウとその近郊、南部ザポリージャ（ザポロジエ）、西部リビウなどで取材活動した。

ドンバスでの紛争は今にして思えばまだ局地的だった。今回の戦争は広域で展開され、破壊と殺戮、占領の規模は桁違いに大きい。ドンバス紛争はロシア側の戦争主体があいまいなハイブリッド戦争として続いてきたが、今度はあからさまな侵略戦争である。いくら取材して書いても、十分には伝えきれない。戦禍という巨大な壁を前に、一人の記者としてつくづく無力を感じる。だが、取材では現地の人たちから必死の思いを乗せた言葉を託された。それはしっかりと伝えなければならない。だから本書を書くことにした。

本書は、この戦争を描く何万ピース、何十万ピース規模のパズルのたった一ピースでしかないかもしれない。それでも、大きな絵と細部とを理解する一助になれば幸いだ。一三〜一七年の取材成果は筑摩選書『ルポ　プーチンの戦争――「皇帝」はなぜウクライナを狙ったのか』（一八年一二月刊行）にまとめた。本書には続編的な意味合いも込めており、双方に目を通して頂くと、このロシア・ウクライナ戦争に対する認識がより深まるだろうと自負している。

まずはロシアの侵攻に至る長い経緯を概観したい。

✝コサック国家

ロシアとウクライナの関係は長く、深くて複雑だ。九世紀ごろ、現在のウクライナの首都キーウを中心に誕生したキーウ・ルーシという国が、両国やベラルーシのルーツとされる。このキーウ・ルーシでは一〇世紀後半、ヴォロディーミル聖公（ロシア語ではウラジーミル聖公）がキリスト教を受け入れ、国教化した。これがロシアやウクライナで東方正教とその文化が根付く始まりだ。

一三世紀にモンゴル軍の襲来でキーウは陥落し、ばらばらになったルーシの民はロシア人、ウクライナ人、ベラルーシ人へと次第に分かれていく。やがて現在のロシアにつながるモスクワ公国が台頭した。この歴史的流れから、多くのロシア人は、キーウ・ルーシを自国史の出発点として理解する。一方のウクライナ人は、ウクライナこそがキーウ・ルーシの流れを継承したと考える。

現在のウクライナとなる地域は一四世紀、大部分がリトアニア大公国の支配下に入り、一部はポーランドに組み込まれた。一六世紀後半にはリトアニアはポーランドと一体化する。ただ、この間の一三～一四世紀には、現在のポーランド南東部からウクライナ西部にかけてのガリツィア地方をハーリチ・ヴォリーニ大公国が治め、首都リビウが繁栄した歴史もある。

オスマン帝国傘下のクリミア・ハン国の侵攻によって荒れ果てたウクライナ中央部のステップ地帯では、一五～一六世紀にコサックたちが軍事集団を形成していく。農奴の立場から逃れて自由の身となった彼らは一大勢力となり、ドニプロ（ドニエプル）川下流の現ザポリージャに要塞を設けた。一七世紀には事実上のコサック国家が確立され、ポーランドへ対抗するため一六五四年に協定を結んでロシアの保護下に入った。だが、一六六七年になると、ロシアとポーランドはドニプロ川の西側はポーランド、東側はロシアが支配すると決め、ウクライナは分割されてしまう。

一八世紀末、弱体化したポーランドはロシア、プロイセン、オーストリアによって三分割された。ウクライナの大部分はロシア領に編入され、残るウクライナ西部の一部がオーストリアに入った。また、ロシアはオスマン帝国との戦いで得た黒海北岸（現在のウクライナ南部）の開拓に力を注いだ。

一九世紀後半になると、石炭の一大産地であるウクライナ東部ドンバス地方はロシア帝国屈指の重工業地帯となり、ロシア本国から大勢の労働者が送り込まれた。こうした経緯から、現代に至ってもウクライナの東部や南部ではロシア語を母語とする住民の比率が高い。ロシアへ親近感を抱く人の割合も他の地域より大きいと指摘されてきた。

†オレンジ革命

二〇世紀に入って、さらに歴史は動いていく。帝政が倒された一九一七年のロシア革命を受けて、キーウでは「中央ラーダ（評議会）」が組織され、「ウクライナ人民共和国」創設を宣言した。対するロシアではレーニン率いるボリシェビキがソビエト政府を樹立、ウクライナ掌握を目指す侵攻も始まる。

翌一八年、ウクライナ側は穀物の提供と引き換えにドイツ、オーストリア・ハンガリーからの支援を獲得し、いったんはボリシェビキの軍勢を退却に追い込む。だが、ボリシェビキ軍は再度侵攻し、二〇年には西部を除くウクライナの大部分を支配下に組み込んだ。そして、二二年にソビエト連邦が成立した。スターリン支配下の三〇年代前半には、ソ連が農業の集団化を進める中で穀倉地帯のウクライナでは食糧が極限まで徴収され、数百万人が餓死したとされる。「ホロドモール」と呼ばれる人工飢饉の悲劇だ。

次の転機は第二次世界大戦だった。四一年、ナチス・ドイツの奇襲で独ソ戦が始まり、ウクライナはドイツ軍に占領される。西部では独立を目指すウクライナ民族主義勢力がドイツ軍を歓迎するも、期待を裏切られ、指導者のステパン・バンデラは収容所送りに。四四年、ソ連・赤軍はドイツ軍からウクライナを奪還。ポーランド領などに含まれていたウクライナ西部各地域もすべてソ連領に編入された。さらにソ連指導者フルシチョフが五四年、クリミア半島の管轄をロシアからウクライナへ移した。こうしてソ連の下で、ウクライナが現在の形にまとまった。九一年にウクライナは独立を果たし、ソ連は消滅。ここから、ウクライナとロシアは独立国家としてそれぞれの道を歩み始めた――はずだった。

独立後のウクライナが最初に大きく揺れたのは二〇〇四年のことだ。親ロシアの首相(当時)ビクトル・ヤヌコビッチの大統領選勝利を巡って不正疑惑が持ち上がり、反対派がデモに打って出た。最高裁が決選投票のやり直しを決定し、親欧米のユーシェンコ元首相が当選した。この一連の動きは「オレンジ革命」と呼ばれる。ウクライナは旧ソ連構成国ではロシアに次ぐ人口規模を持ち、前述の通り、地理と歴史においてロシアと欧州の間に位置する。ロシアとは文化や宗教、経済面などで深い結びつきがあった。ウクライナのロシア離れを許せないプーチン政権は事実上の侵略を始める。それが二〇一四年からの出来事である。

†二〇一四年の危機

ロシアによる二二年の侵攻からさかのぼること一〇年前、当時のウクライナでは東部ドネツク州出身のヤヌコビッチが大統領を務めていた。その政権は、経済連携などを巡って欧州連合（EU）とロシアの双方を天秤にかけるような動きを見せた。結局はプーチン政権の巻き返しによってロシア側へすり寄り、親欧派市民の強い反発を招く。一三年一一月、親欧派市民の反政府デモがキーウで始まり、やがて極右の反露勢力も加わって勢いを増していく。翌一四年二月に入ると、治安部隊との衝突で一〇〇人を超える死者も出た。事態が揺れる中、ヤヌコビッチは首都キーウから地元の東部へと逃亡してしまう。デモ隊が大統領府を占拠し、与党からは離脱する国会議員が相次いで政権はあっさりと崩壊した。

同じ二月、ロシアではソチ冬季五輪が開かれていた。ロシアがソ連崩壊からの復活を内外にアピールする一大イベントの最中に、隣国で政変が起きたのである。プーチン政権はすかさずリベンジに乗り出した。

まず異変が生じたのはクリミア半島だ。半島では歴史的経緯からロシア系住民が人口の六割を占め、租借協定に基づいてロシア黒海艦隊の基地もある。一四年二月二八日、私がタクシーで駆けつけた小さな空港には異様な光景が出現していた。クリミアの中心都市シンフェロポリ郊外の古びた国際空港は自動小銃を手にした覆面の兵士たちに制圧されている。にらみを利かせる彼らは一体、何者なのか。「あれは間違いなくロシア軍の特殊部隊員ですよ。ロシアは不法にクリミアを分離させようとしている」。地元の少数民族クリミア・タタール人の若いテレビカメラマンは私にささやいた。

後に彼の推測は正しかったことが分かる。空港のみならず、半島内のすべてのウクライナ軍基地は素性を隠したロシアの精鋭部隊に包囲されていった。明らかな軍事侵攻だ。半月あまりを経た三月一八日、プーチン大統領は住民投票の結果を口実に一方的にクリミアを自国領に編入すると宣言した。これを受けて、米欧とロシアの対立は深まっていく。

だが、異変はクリミアだけに終わらなかった。一四年四月、今度は東部のドネツク、ルハンシク両州が揺れ始める。州政府庁舎などが親露派の活動家と住民に次々と占拠されていった。キーウで反露・親欧米の暫定政権が誕生したことに反発する動きだという。

私は取材のため、ドネツク州の州都ドネツク市に入った。州庁舎前ではヘルメットと覆面姿の活動家たちが角材などを手に警戒している。奇妙なのは、緊張した雰囲気の庁舎付近を少し離れると、親子連れが散歩していたり、通勤する人々がいたりと日常の平穏な生活が続いていたことだ。バリケードが張られた庁舎とその周りだけが親露派による「テーマパーク」のようになっている。彼らの主張は分離独立だ。数日後には親露派の突出した動きに対抗する反対派市民によるデモが実施された。ウクライナ国旗を手にした人々は「ウクライナは一つ」と分離反対を訴えた。

州政府庁舎内に親露派の地元住民もいたことは間違いない。しかし、彼らを扇動する男たちはロシアからやって来ていた。ウクライナ中央と東部の激しい対立はこうして作られていく。ドンバスでは強固な親露派は多数ではなかったが、銃器を手にした勢力によって反対派が排除され、一色に塗りつぶされていく。彼らを率いたロシア連邦保安庁（FSB）元将校のロシア人、イーゴリ・ギルキンはのちにモスクワで私のインタビューに応じた。彼は「クレムリン（ロシア大統領府）がドンバスを戦場に変えた。我々ロシアは事実上、戦争へと踏み込んだ」と語り、親露派武装勢力の指導部は「ロシアの傀儡」と指摘した。

親露派武装勢力が名乗った「ドネツク人民共和国」（英語略称・DPR）、「ルガンスク人民共和国」（同・LPR）はウクライナからの一方的な独立を宣言し、一四年五月に中央政府との本格的な戦闘が始まる。一四年夏には劣勢の親露派を支えるためにロシア軍が秘密裏にドンバスへ侵攻した。東部二州を舞台に、ロシアとウクライナの間のあいまいな形の戦争は長く続いてきた。

†クリミア・タタール人、ロシア人、ウクライナ人

ロシアがウクライナから奪ったクリミア半島にもドンバスにも、ソ連とその崩壊が残した亀裂や癒えない傷が残されていた。過去の経緯は現代の事態を理解する際のカギとなる。

第二次大戦中の一九四四年、クリミアでは先住民族のクリミア・タタール人が独裁者スターリンの指導下で中央アジアへ民族まるごと強制移住させられ、その後に多くのロシア人、ウクライナ人が入植した。五四年に後継指導者フルシチョフの指示で、クリミアは連邦国家だったソ連内でロシア共和国からウクライナ共和国に管轄が移される。その結果、九一年のソ連崩壊によって、クリミアのロシア系住民は「祖国ロシアから無理やり引き離された」と感じるようになった。一方、ソ連末期にようやくクリミアに帰還したクリミア・タタール人の間にはソ連の継承国ロシアへの警戒感が刻み込まれていた。

一方、炭鉱地帯のドンバスでは採炭や製鉄といった重工業が発達したが、ソ連崩壊後は次第に時代の流れから取り残されていく。炭鉱などの労働者や年金生活者は「ソ連時代は良かった」とウクライナの現状に不満を抱くようになった。

プーチン政権は一四年春、ウクライナの特定地域の一部住民が持つソ連への郷愁やそこから派生したロシアへの思慕を利用した。

クリミア半島では親露派勢力が主導する住民投票が強行され、「圧倒的多数がロシアへの編入に賛成」との作為的な結果を演出する。ロシアは覆面部隊で半島を軍事制圧しつつ、表向きには「編入は民意に基づく」と主張した。クリミア・タタール人ら反対派の声は押しつぶした。クリミア編入によってロシア国民の大国意識を盛り上げた。

ウクライナ本土との断絶が容易な地形のクリミア半島と異なり、地続きのドンバスではロシアは異なる戦略をとった。ドンバス紛争においてプーチン政権は「善意の第三者」を装い続け、ウクライナ側に不利な停戦合意を押しつけた。ドンバスは解決困難な紛争地帯となり、それを抱えるウクライナは欧州連合（ＥＵ）や北大西洋条約機構（ＮＡＴＯ）への加盟が非常に厳しくなった。こうしたロシアの動きによって、ウクライナとの間には決定的な溝が生まれた。

†ロシアとNATO

ロシアとNATOの関係についても、ここで触れておきたい。プーチン政権はNATOへの対抗姿勢を強調し、今回のウクライナ侵攻の口実にもしている。

そもそもNATOは欧州で米ソ冷戦が激化し始めた一九四九年に誕生した。社会主義陣営に対抗する軍事同盟として、米英仏カナダなど一二カ国で結成された。ソ連と東欧諸国はワルシャワ条約機構を五五年に設立し、張り合った。

八九年に冷戦が終結すると、東西に分裂していたドイツの再統一やNATOの今後について、米ソ間で議論された。当時のベーカー米国務長官が九〇年二月、ソ連指導者のゴルバチョフに「NATOが東方へ一インチも拡大しないとの保証が重要と考える」と述べた記録がある。こうした発言については、東欧諸国へのNATO不拡大を約束したものかどうかは解釈が分かれるが、否定説の方が有力なようだ。米国などは現在、明確に否定している。「拡大しない」との合意文書は存在しない。

ソ連崩壊後、エリツィン政権当時のロシアは九七年三月、ポーランドなどへのNATO拡大を条件付きで容認する。同五月にはNATOとロシアの「基本議定書」が調印され、新規加盟国には戦闘部隊を常駐させないというNATOの立場などが示された。こうして旧社会主義国が次々にNATOに加わったほか、〇四年にはソ連構成国だったバルト三国（リトアニア、ラトビア、エストニア）も加盟した。

米国がNATO拡大を後押ししたのは事実としても、ソ連の影響圏にあった国々が加盟を決めたのは、民主化した各国における主体的判断である。その背景には、過去の事件からロシアを警戒せざるを得ない事情があった。三九年に独ソに分割占領されたポーランド、独ソの密約で四〇年にソ連に併合されたバルト三国、市民のデモから派生した暴動をソ連軍が鎮圧した五六年の「ハンガリー動乱」、六八年にチェコ・スロバキア（当時）の民主化運動「プラハの春」をつぶしたワルシャワ条約機構軍の軍事介入——。NATOの東方拡大とは、各国による自衛強化の動きでもあった。

二〇〇〇年に誕生したプーチン政権は米欧との協調路線を取っていたが、次第に対抗姿勢を強めていく。やがて「NATO側には当初の約束を破られた」と訴えるようになった。対するロシアは、米国主導のNATOが自国の安全保障にとって重大な脅威であると主張。対するウクライナでは、ロシアの脅威から自国を守るにはNATO入りしかないとの意識が強まっていく。ただ、前述の通り、ウクライナの加盟は当面実現する見通しはなかった。ドイツのショルツ首相は二二年八月、侵攻前のプーチンとの会談でウクライナのNATO加盟は「今後三〇年ない」との見方を伝えていたことを明かした。そうした中でも、ロシアは二一年秋ごろからウクライナとの国境付近に大軍を送り込み、遂には全面侵攻を開始した。

†本書の構成

本書の各章について概要を紹介する。

第一章では、ロシア軍による侵攻直前のウクライナの状況を振り返る。米国政府による侵攻の警告に対するキーウ市民のさまざまな受け止め、市民参加型の防衛組織の訓練と参加者の思い、一四年以来のドンバス紛争が及ぼしてきた影響などを現場から描く。著名作家や有識者のインタビューも交え、ウクライナ側の見方を深掘りする。

第二章では、開戦に至るロシア側の動きとプーチンの発言を追いつつ、ウクライナ西部の拠点都市リビウの備えを見る。ロシア軍の侵攻が始まったその日を地元の人々はどう受け止め、どのように動いたか。侵攻開始後二カ月間の経緯もたどる。

第三章では、首都キーウに迫ったロシア軍によって蹂躙された近郊のベッドタウン、ブチャを歩く。侵攻時と占領下で民間人がいかに殺害され、弾圧されたか、遺族らの証言から追う。そこからは、ロシア人とウクライナ人の関係性の変容も浮かび上がる。

第四章では、南東部の激戦地マリウポリ（ドネツク州南部）に焦点を絞る。国内屈指の港湾工業都市はロシア軍の攻撃で徹底的に破壊された。街を逃れてきたばかりの避難民に南部ザポリージャで取材し、その証言から何が起きていたのかを探る。

第五章では、ウクライナ東部出身の二人の識者のインタビューを中心に、この戦争の経過を振り返りつつ、中長期的な展望を考える。戦争はどのようになれば終わるのか、破滅的な戦争を始めたプーチンのロシアにはこの先、何が起きるのか——。

※文中の年齢や肩書、通貨レートは取材当時のもの。敬称は略した。ウクライナ国内の地名表記はウクライナ語を基本とし、適宜、ロシア語表記をカッコ内に補った。各章の写真は特に明記がない限り、筆者が撮影した。

†ウクライナ情勢の推移と関連する動き

一九一七年　三月　ロシア二月革命。ニコライ二世が退位し、ロマノフ朝の帝政終焉
ウクライナで自治を求める「中央ラーダ（評議会）」結成
一一月　十月革命。レーニン率いるボリシェビキがソビエト政権樹立
中央ラーダは「ウクライナ人民共和国」創設宣言
一二月　ボリシェビキ軍、ウクライナ進撃開始［ウクライナ・ソビエト戦争］
一九二一年一二月　ボリシェビキ軍、ウクライナ鎮圧［ウクライナ・ソビエト戦争の終結］

一九二二年一二月		ソビエト社会主義共和国連邦（ソ連）成立
一九三二〜三三年		ウクライナで大飢饉（ホロドモール）
一九三九年	九月	ナチス・ドイツのポーランド侵攻で第二次世界大戦勃発
一九四一年	六月	独ソ戦始まる。ドイツがウクライナ占領
一九四五年	五月	ナチス・ドイツが降伏。欧州での大戦終結
一九五四年	二月	ソ連最高会議幹部会、クリミア半島をロシアからウクライナへ移管すると決定
一九八六年	四月	チョルノービリ（チェルノブイリ）原発事故
一九八九年一二月		米国のブッシュ、ソ連のゴルバチョフの両首脳がマルタ会談で「冷戦終結」を宣言
一九九一年	八月二四日	ウクライナ、ソ連からの独立宣言
	一二月　一日	ウクライナ国民投票で圧倒的多数が独立賛成
	八日	ロシア、ウクライナ、ベラルーシの三共和国首脳がソ連消滅宣言
	二五日	ゴルバチョフがソ連大統領を辞任。ソ連崩壊
一九九九年	八月一六日	エリツィン露政権でプーチン安保会議書記が首相就任
	九月二三日	ロシア軍の空爆で第二次チェチェン紛争勃発
	一二月三一日	エリツィン露大統領の辞任でプーチンが大統領代行兼任
二〇〇〇年	三月二六日	露大統領選でプーチンが初当選
二〇〇一年	九月一一日	国際テロ組織「アルカイダ」による米中枢同時多発テロが発生
	一〇月　七日	米英軍によるタリバン政権への空爆でアフガニスタン戦争勃発
二〇〇三年	三月二〇日	米国主導の有志連合軍によるフセイン政権攻撃でイラク戦争勃発

二〇〇四年	三月一四日	露大統領選でプーチンが再選
	一一～一二月	ウクライナ大統領選の不正疑惑抗議デモを受けて決選投票やり直し。ユーシェンコ元首相がヤヌコビッチ首相を破って当選［オレンジ革命］
二〇〇八年	三月　二日	露大統領選でプーチン側近のメドベージェフ首相が初当選
	五月　八日	プーチンがメドベージェフ政権の首相に就任
二〇一〇年	二月　七日	ウクライナ大統領選でヤヌコビッチ前首相がティモシェンコ首相を破って当選
二〇一二年	三月　四日	露大統領選でプーチン首相が当選し、返り咲き
二〇一三年	一一月二一日	ウクライナのヤヌコビッチ大統領が欧州連合（EU）との連合協定の署名見送り。首都キーウ（キエフ）で反政権デモ始まる
二〇一四年	一月　下旬	キーウのデモ隊が治安部隊と衝突し、死者も発生
	二月一八日	キーウで大規模衝突。以後三日間で約一〇〇人が死亡
	二二日	キーウのデモ隊が大統領府を占拠。ヤヌコビッチ政権崩壊［マイダン革命］
	二七日	ロシア軍の覆面部隊がウクライナ南部クリミア半島の各地を制圧
	三月一六日	クリミアで親露派主導の住民投票。「ロシアへの編入賛成が九割超」と発表
	一八日	プーチンがクリミアのロシア領編入を宣言
	四月　初旬	ウクライナ東部ドネツク州などで親露派勢力が行政庁舎を次々に占拠
	五月一一日	親露派がドネツク、ルハンシク（ルガンスク）両州で「独立」を問う住民投票。翌日に独立宣言
	二五日	ウクライナ大統領選でポロシェンコ元外相が当選
	二六日	ウクライナ軍と親露派武装勢力の戦闘が本格化［ドンバス紛争の勃発］

二〇一五年　七月一七日　ドネツク州上空でマレーシア航空機撃墜、二九八人死亡
八月　下旬　親露派が反転攻勢、ロシア軍は秘密裏に侵攻して支援
九月　五日　ウクライナ政府と親露派が停戦合意［ミンスクⅠ］
二〇一五年　一月　中旬　ドネツク州南部マリウポリなど各地で戦闘再燃
二月一二日　ウクライナ露独仏の首脳会談。新たな停戦合意［ミンスクⅡ］に署名
九月三〇日　ロシア軍がシリア内戦への軍事介入開始
二〇一六年一二月一五日　プーチンが訪日し、山口県で安倍首相と会談
二〇一七年　一月二〇日　米国でトランプ大統領が就任
一二月二二日　米国務省は「ウクライナへの殺傷兵器供給を決定」と発表
二〇一八年　三月一八日　クリミア編入丸四年に合わせた露大統領選でプーチン当選（通算四選）
五月一五日　クリミア半島東端とロシアを結ぶ海峡大橋（クリミア大橋）が開通
二〇一九年　四月二一日　ウクライナ大統領選でコメディー俳優のゼレンスキーが現職のポロシェンコを破って当選
一二月　九日　ドンバス紛争の和平に関し、パリでウクライナ露独仏の首脳会談
二〇二〇年　三月一一日　世界保健機関（ＷＨＯ）が新型コロナウイルス感染症の流行を「パンデミック」と宣言
七月二二日　ドンバス紛争の完全停戦に向けた新たな合意
二〇二一年　一月二〇日　米国でバイデン大統領が就任
三～四月　ロシア軍がウクライナ国境付近に総勢一〇万人超の部隊を展開
八月三一日　米軍駐留部隊がアフガニスタンから完全撤収。タリバン復権
一〇月　ウクライナ軍がドンバス紛争でトルコ製ドローンを初めて実戦使用

一一月　　　ロシア軍がウクライナ国境付近に再び一〇万人弱の部隊を展開
一二月　七日　バイデンとプーチンがオンライン形式で米露首脳会談
　一七日　ロシア政府、北大西洋条約機構（NATO）東方不拡大の保証など米露間の条約案を公表

二〇二二年　一月二八日　米軍のミリー統合参謀本部議長、「ロシア軍がウクライナ全土に侵攻できる態勢を整えた」との見解
二月一二日　米露首脳が電話協議。外交当局者間の対話継続で一致
　一八日　バイデンが演説で「プーチン氏がウクライナ侵攻を決断したと確信している」と発言
ドンバスの親露派勢力が支配地域の住民にロシアへの避難を呼びかけ
　二一日　ロシアがドンバスの親露派勢力「ドネツク人民共和国」「ルガンスク人民共和国」を国家承認。両地域への軍部隊派遣命令
　二四日　プーチンが「特別軍事作戦」を指示し、ロシア軍がウクライナへ全面侵攻開始
三月　二日　国連総会の緊急特別会合で、ロシアを非難し、軍の完全撤退などを求める決議採択（賛成一四一、反対五、棄権三五カ国）
　四日　ロシア軍が南部のザポリージャ（ザポロジエ）原発を制圧
　二九日　ロシアとウクライナがトルコで停戦協議。ウクライナ側は主要国による安全保障と引き換えに、NATO加盟を断念すると提案
ロシアが首都キーウ周辺などでの軍事行動の大幅縮小を表明
四月　二日　ロシア軍撤退後のキーウ近郊ブチャなどで多数の遺体を確認

下旬　ロシア軍、東部ドンバス方面への攻撃強化
二六日　ロシアが南部ヘルソン州全域を制圧と発表
五月　九日　バイデンがウクライナへの兵器貸与を容易にする「レンドリース法」に署名し、同法が成立
一八日　中立政策をとっていたフィンランドとスウェーデンがNATO加盟を正式申請
二〇日　ロシアが南東部の要衝マリウポリの完全制圧を発表
三一日　米政府がウクライナへ高機動ロケット砲システム（HIMARS）を供与する方針を表明
六月　二日　ゼレンスキー、「ロシア軍がウクライナ国土の二〇％を占領」と訴え
二三日　EUがウクライナを「加盟候補国」として承認
三〇日　ロシア軍が黒海沿岸の要衝ズミーニー（ズメイヌイ）島から撤退
七月　三日　ロシアが東部ルハンシク州全域を制圧と発表
二二日　ロシア、ウクライナの両国が国連などの仲介で穀物の海上輸送再開に合意
八月　一日　ウクライナが黒海のオデーサ（オデッサ）港から穀物輸出を再開
上旬～下旬　ウクライナ軍、クリミア半島内のロシア軍施設を攻撃
二四日　侵攻半年を迎え、民間人の死者は少なくとも計五五一四人／国外避難民約一一五万人／国内避難民約六六四万人／インフラ被害約一一〇四億ドル（約一五兆円）
下旬　ザポリージャ原発周辺に砲撃相次ぐ。ロシア、ウクライナがお互いを非難
九月　一日　国際原子力機関（IAEA）の視察団がザポリージャ原発で現地調査

八日　ウクライナ軍、東部ハルキウ（ハリコフ）州の二〇以上の集落を奪還と発表
一一日　ゼレンスキー、ハルキウ州の要衝イジュームを奪還と表明
二一日　プーチン、部分的な動員実施の大統領令に署名。ロシア国内各地で反対デモ、国外脱出の動きも
二三日　東部ドネツク、ルハンシク両州と南部ヘルソン、ザポリージャ両州の親露派勢力がロシア領編入の是非を問う「住民投票」を強行。最終日の二七日に「賛成多数」と発表
三〇日　プーチンがウクライナ四州の占領地域の自国領編入を宣言
ゼレンスキー、NATOへの加盟を正式申請すると表明

一〇月
五日　ロシアがウクライナ四州の一方的な編入手続きを完了
七日　プーチン、誕生日を迎えて七〇歳に
二二年のノーベル平和賞がベラルーシの人権活動家アレシ・ビャリャツキ、ロシアの人権団体「メモリアル」、ウクライナの人権団体「市民自由センター」に決定
八日　クリミア半島とロシアを結ぶクリミア大橋で爆発、橋の一部が崩落
九日　プーチン、大橋爆発は「ウクライナ特務機関によるテロ」と主張
一〇～一一日　大橋爆発の報復として、ロシア軍がキーウなど約二〇都市をミサイルや無人機で攻撃
一二日　国連総会の緊急特別会合で、ロシアによるウクライナ四州の一方的編入を非難し、無効と宣言する決議採択（賛成一四三、反対五、棄権三五カ国）
一八日　ゼレンスキー、ロシア軍による一〇日以降の攻撃で「国内の発電所の三〇％

が破壊された」と訴え。ウクライナのエネルギー関連施設を狙った攻撃にイラン製無人機が使われているとの見方が強まる

二〇日　ロシア、一方的に編入を宣言したウクライナ四州の占領地域に戒厳令。うち南部ヘルソン州では「避難」名目で住民の大規模移動を実施

一一月　九日　ウクライナ側の攻撃を受け、ショイグ露国防相がヘルソン州のドニプロ川西岸地域からの撤退を軍に命令。ロシアは州都ヘルソン市を含む州の四分の一に相当する占領地域を失うことに

一一月一五日　ウクライナとの国境に近いポーランド東部プシェボドフにミサイルが着弾し、二人死亡。ＮＡＴＯ加盟国で初の被害に。ポーランド政府は、ウクライナの迎撃ミサイルによる誤爆との見方

ウクライナと周辺国の図

ロシア
ドニプロ川
ハルキウ
イジューム
ウクライナ
ドニプロ
ルハンシク
ドネツク
クリブイリフ
ザポリージャ
エネルホダール
マリウポリ
ロストフ
ナドヌー
オデーサ
ヘルソン
アゾフ海
クリミア半島
クラスノダール
クリミア大橋
黒海

ミンスク
ベラルーシ
ワルシャワ
ポーランド
チョル
プシェボドフ
クラクフ
ジェシュフ
リビウ
シェヒニ
ビンニツ
イヴァノフランキウシク
スロバキア
モルドバ
ハンガリー
ルーマニア
セルビア

第一章　開戦前夜の日常

✝夜のキーウ繁華街

　ウクライナの首都キーウ中心部の繁華街、フレシチャーティク大通りは仕事帰りの人々でにぎわっていた。二〇二二年二月一五日、火曜日の夜のことだ。外気温一、二度と冷え込む中でも、居酒屋の外席でワインを陽気に飲み交わすグルー

キーウ中心部の独立広場。電飾看板はウクライナ語で「I love Ukraine」とある（キーウ、2022年２月15日）

プがいたり、ベンチではカップルが親密に語り合っていたり、冬の三〇〇万人都市には「戦争前夜」と思えない日常の光景が広がっていた。

このころ、ウクライナを巡っては極度に張り詰めた状態が続いていた。ロシア軍はウクライナをコの字に囲むような形で東・南・北の国境、地境沿いに大部隊を展開。軍事的圧力の下で、米欧はロシアと安全保障問題を巡る外交交渉を継続している。米欧の有力メディアはこの数日間、「二月一六日」にもロシアの軍事行動が始まる可能性があるという米当局者筋の情報を伝えてきた。

Xデーは明日かもしれない。だが、街は落ち着いて見える。大通り沿いの重厚な建物はライトアップされて華やかだ。高級な雰囲気のツム百貨店、威圧感があるキーウ市庁舎と順に眺めながら通りを進むと、やがて独立広場へたどり着く。「マイダン」と略称されるこの広場は、一四年二月にロシア寄りのヤヌコビッチ政権を親欧米派市民と民族主義勢力が倒した抗議運動の中心地だった。政変後、ロシアによるウクライナ南部クリミア半島の軍事制圧や東部ドンバス地方での紛争が起き、現在の危機につながっている。

「いま起きているのは情報戦争だと思う。ニュースを見ているとすぐにも戦争が起きると感じてしまうけれど、現実が誇張されている」。マイダン近くでホットワインの屋台に立つアルバイトの女性マーシャ（二七）に声をかけると、こう肩をすくめた。自身の両親を含む中高年世代の一部は食料品を買いだめたり、防空壕の準備を急いだりしており、「若い世代の方が冷静だ」という。

実際、情報は錯綜していた。最も警戒感を強めていたのは米国政府だ。サリバン米大統領補佐官(国家安全保障問題担当)は二月一一日の記者会見に際して、ロシアの侵攻が「(二〇日までの)北京冬季五輪の会期中にもあり得る」と明言した。翌一二日には在ウクライナ米国大使館の米国人職員が国外退避を命じられている。一方、ロシア外務省は侵攻を危惧する情報の発信を「デマだ」と一刀両断に否定した。当のウクライナのゼレンスキー大統領は「国内でパニックが起きれば敵を利する」と訴え、侵攻が数日後にも迫るとの見方に懐疑的な姿勢を示していた。

「もしもロシアとの戦争が始まったら、私は武器を手に取って戦います。自分の家や子どもたちを守るためだから恐れはない。プーチンの考えのために戦う彼ら(ロシア兵)と、祖国の地を守るため戦う私たちとは違う」。ホットワイン売りのマーシャは真剣な顔を見せ、歯切れ良く言い切った。夜のアルバイトの他に、昼は社会福祉の仕事をしている。軍務経験はないが、「いざとなったら短期間で習得する」と豪語した。

彼女はロシアに対しての見方もはっきりしている。「プーチンはウクライナに自分の息が掛かった政権を立てたいだけでしょう。私たちはロシアの方へ近づきたいと思っていない。脅すことでロシア寄りにしたいのでしょうが、逆効果になっている」

†二一年春からの緊迫

ウクライナを巡る情勢の不安定化は一年程前から始まっていた。ドンバス紛争では二〇年七月に改めて停戦合意が結ばれたが、二一年に入って銃撃や砲撃などの合意違反行為が増加、ウクライナと親露派武装勢力の双方が相手への非難を強めた。緊張の背景として、ゼレンスキー政権がこの年の二月に国内で親露的なテレビ局を閉鎖したり、プーチンと親しい親露派野党政治家メドベチュクの資産を凍結したりとロシア寄りの勢力に対する圧力を強めたことが一因との観測もあった。親露派側が対抗措置として挑発的な攻撃をしているとの見方だ。

二一年三月になると緊張のレベルが一気に上がる。ロシア軍がウクライナとの国境付近や占領するクリミア半島に総勢一〇万人超とされる部隊を展開したのである。一四年以来で最大規模の軍事的圧力をウクライナにかけた。四月下旬に撤収命令が出されたものの、実際には大部分がとどまったと報じられた。対するゼレンスキー政権は米欧諸国との連携を密にし、NATO加盟を急ぎたいとの姿勢も強めた。

この年の一〇月、ウクライナ軍はドンバス紛争の戦地でトルコ製ドローン「バイラクタルTB2」を初めて実戦使用し、親露派側の榴弾砲を破壊した。二〇年七月の停戦合意は航空戦力の使用を禁じていたため、ウクライナ側は合意違反との批判も受けた。

一一月初旬、ウクライナの国境周辺が再び緊張し始める。ウクライナ国防省は九万人規模のロシア軍部隊が集結していると発表した。米軍は艦船を黒海に入れるなど、周辺での活動を活発化させる。事態が緊迫する中、一二月七日、バイデン米大統領がプーチン露大統領とオンライン形式の首脳会談に臨む。バイデンはロシア軍の動きに深い懸念を示し、もしウクライナへ侵攻すれば強力な経済制裁を実施し、周辺の欧州諸国へ米軍部隊を派遣すると警告した。一方のプーチンは、NATOの東方拡大をこれ以上せず、その攻撃的兵器はロシア周辺に配備しないよう、法的文書で確約するよう求めた。米国とNATOにとって、ロシアの要求は容易に受け入れられるものではない。NATOは「門戸開放」を原則とするうえ、東方不拡大の要求を飲めば、ロシアが周辺の旧ソ連諸国を自らの勢力圏とみなすのを追認する形になるからだ。

ロシア側は一二月中旬、米国との高官協議で要求事項を両国間の安全の保障に関する条約案として正式提案し、内容を一方的に公表した。最も注目された第四条は次の通りだ。

〈米国はNATOのさらなる東方拡大を阻止し、旧ソ連諸国の新規加盟を拒否すると約束する。米国はNATO加盟国ではない旧ソ連諸国の領土内に軍事基地を設立したり、そのインフラを軍事活動に使用したり、二国間軍事協力を展開したりしてはならない〉。ここに記された「旧ソ連諸国」の筆頭としてウクライナ、次いでジョージアがプーチンの念頭にあることは間違いない。条約案には、「米露双方が国外に核兵器を配備しない」といった内容も含まれた。

さらにＮＡＴＯ諸国との合意案も同時に公表され、「一九九七年当時の状態までＮＡＴＯの部隊や兵器を撤退させる」などのロシア側要求が盛り込まれた。序章で触れたように、ソ連崩壊六年後の九七年にロシアはポーランドなど旧社会主義圏の中東欧諸国のＮＡＴＯ加盟を認めた。プーチン政権はロシアに有利な東西冷戦時代の安全保障環境に近づけよといきなり迫ったのである。相当に強気だ。

外交交渉ではどちらか片方だけが満点の結果を得ることは基本的にあり得ない。時間をかけて、お互いの妥協点をすり合わせる作業だ。しかし、ロシアは「お互いの平和のために」と右手で握手を求めながら、左手にはナイフをちらつかせている。プーチンは年末恒例の記者会見で「我々に今すぐ（安全の）保障を与えなければならない」と性急な態度を強調した。

ウクライナの周辺を一〇万人規模のロシア軍勢が取り囲んだまま、緊迫の事態は二〇二二年へ越年する。米欧側はＮＡＴＯの東方不拡大の保証は拒否する一方、ロシアに近い東欧での軍事演習の相互制限など現実的な緊張緩和策を示しながら、ロシアとの対話を続けた。一月中旬、両陣営の話し合いが次々開かれる。米露外交当局間の「戦略的安定性に関する対話」、NATOとロシアの会議、米欧や旧ソ連諸国で構成する全欧安保協力機構（OSCE）の協議……。いずれも議論は平行線で終わる。バイデンは米大統領就任一年を前にした記者会見で、ロシアがウクライナ侵攻を選べば「深刻な代償を支払うことになる」とけん制した一方、「ウクライナが近い将来にNATOへ加盟する可能性はあまりないだろう」と率直に言及した。

一月下旬、米軍トップのミリー統合参謀本部議長が「ロシア軍はウクライナ全土に侵攻できる態勢を整えた」との見方を示したのに対し、プーチン側近のパトルシェフ安全保障会議書記は「完全なフィクションだ」と即座に否定して応酬した。二月一二日、米露首脳が電話協議したが進展はなく、外交当局者同士の対話を継続することで、ぎりぎり一致した。

†繁華街の穏やかな夜

二月一五日のキーウへ戻る。この夜、私は現地臨時助手の若者ビクトルと一時間半近く中心繁華街を歩き回り、市民に次々と声をかけた。「明日、戦争が起きるかもしれないとの情報について、あなたはどう思いますか？」そんな質問はもちろん穏やかな夜には似つかわしくない。即座に取材を拒否して立ち去る人も少なくなかった。

ベンチで休んでいた男性キリル（四七）は質問に一呼吸置いてから、自分の思いを話し始めた。「たぶん戦争は起きないでしょう。もし起きたら？　もちろん私は祖国を守りたい」。先のマーシャと似た考えだ。危機が強調されることでウクライナ通貨フリヴニャが下落するなど、経済情勢の悪化をむしろ危惧するという。

この日の時点で、ウクライナ経済を牛耳る「オリガルヒ」（新興財閥オーナー）たちの国外避難が報じられていた一方、キーウの国際空港などに市民が殺到するような事態にはなっていない。陸路の国境も同様だ。私がキーウ入りした二月一五日朝、空港は至って平穏だった。ただ、米政府高官がキーウへの空爆やミサイル攻撃の可能性に言及したことで、KLMオランダ航空がウクライナ便の運航を見合わせていた。機体に保険を掛けられなくなり、運航を取りやめたウクライナの航空会社もある。キリルが懸念するような二次的な影響は既に始まっていた。

キリルは在キーウのフランス大使館で料理人として働く。フランスはマクロン大統領が対露交渉に当たっており、仲介国と言える。職場の大使館では「非常時に備えて荷物をまとめておくように」と大使の指示があっただけで、退避した職員はいないという。米国や日本が西部リビウへ早々に大使館機能を移したのとは対照的だ。

話を聞くうちに、キリルはクリミア半島の出身と明かした。「ロシアによる占領を受けて、キーウへは六年前に移ってきました。両親はまだ向こうにいる。クリミアではロシア・メディアから流れるプロパガンダが強烈で、友人たちも影響されてしまった。私はウクライナ人として占領下で暮らすのは耐えられなかったのです」。そう言って表情を硬くした。

一方で、プーチン政権がウクライナのNATO加盟に断固反対して圧力をかけてきたことについては、慎重な見方を示す。「ロシアの妨害を受けずに国が経済発展するためには、ウクライナは非同盟中立の方が良いと思う。NATOに入るとロシアからの軍事的な脅しがずっと続くだろう。投資が来なくなるなど、経済的に厳しい状態に置かれるのではないか」

続けて、大通りの歩道で重そうなカバンを手にたたずむ中年男性を見つけ、話を聞く。ドネツク州のウクライナ側支配地域に家があり、「今夜バスで帰る」と言う。彼、ユーリー（五五）は紛争の前線に近い地域で暮らしながらも、「彼ら（ロシア軍）が攻撃してくるなんて信じられない。ばかげたファンタジーだ」と断言し、NATO加盟問題には「いったいなぜNATOが必要なのか！　戦争に費やすお金は子供たちのために使った方が良い」と息巻いた。

NATO加盟に反対するキリルやユーリーの考えは今や多数派ではない。一四年以降のロシアの行動が、ウクライナ市民の多くをNATO加盟支持へ向かわせていることは間違いない。先のマーシャは「加盟すべきだ」と明言。大通りを歩いていた販売業のマネジャー、アレクサンドル（三〇）も「ウクライナはそんなに強い国じゃない。単独で安全保障を確保するのが難しいことは一四年以来、既に示されている」と力説した。

†事情通へのインタビュー

内外政治に詳しい地元の専門家は、欧州を揺るがす事態をどう見るのか。私はこの日の午後、マイダン前にそびえるウクライナ・ホテルで、著名な政治評論家ウォロディミル・フェセンコ（六三）にインタビューしていた。多忙な彼に急ぎ質問を投げかけた。

――なぜ今、この危機が起きているのだろうか？

「ロシアは米国とNATOに安全保障上の最後通告を突きつけ、それはウクライナに関係している。「なぜ今か」の答えはプーチン氏のみが知る。例えば、今年（二二年）は彼にとって重要な年だ。自身が七〇歳の誕生日を迎え、またソ連創設一〇〇年の節目でもある。彼は自分が強いリーダーであり、ソ連復活も可能であると米欧に対して力を誇示したいのかもしれない。彼の年齢は、政治指導者たちが歴史にどう名を残すかを意識し始める時期だ。

我々にできるのは、プーチン氏の真の意図を推測することだけ。何を欲しているのか。彼は以前同様に、自らの求める条件の下でウクライナに（東部ドンバス紛争の停戦条件と和解条項を定めた）「ミンスク合意」の履行を強いることを望んでいる。これは最低限の目標だ。最大限の目標は（ソ連時代のように）ウクライナ全体への統制を回復すること。さらに、彼の最後通告の意味は、旧ソ連圏すべてへの統制を回復したいということだ。ロシアの要求には、NATOが九七年当時の境界線まで軍事インフラを撤退させよというものまである。米欧はこれをのめない。市場での交渉のような最後通告だ。売り手は高く売りたいし、買い手はその逆。そして妥協点を探る。

ロシアによるウクライナへの統制の回復はあり得るシナリオだ。これはウクライナの分裂となる。ウクライナからロシア語圏を切り離す試みは一四年にもあった。ロシア下院は先ごろ、プーチン氏に対して（ドンバスの親

政治評論家のウォロディミル・フェセンコ（キーウ、2022年２月15日）

露派支配地域である）ドネツク、ルガンスク両人民共和国を国家として承認するよう求めた。もし彼が署名すれば、ミンスク合意の政治的部分は意味を失い、ロシアが戦略を変えたということになる。その後には、ドンバス以外の（南部などの）ロシア語圏地域をウクライナから引き離す試みもあり得るだろう。

両人民共和国からロシアに対して、住民保護のためにロシア軍の投入を求める呼びかけがあるかもしれない。あそこには現在、ロシア国籍の身分証明書を支給された住民が約八〇万人いる。ただ、クリミア半島とは状況が違う。ロシアが両人民共和国を自国領に編入することはないと思う。クリミアについてロシアでは大多数の人々がロシア領と考え、クリミアの住民の六割はロシア系だった。一方、ドンバスの両人民共和国の領域については、ロシア国民もウクライナの一部と受け止めている。そこにロシア系住民も住んでいるが多数派ではない」

†プーチンが求める「ミンスク合意」とは

ドンバス紛争とその停戦合意「ミンスク合意」について簡単にまとめておこう。一四年二月にキーウでの政変で親露的なヤヌコビッチ政権が倒れたことが一連の危機の始まりだった。ロシアは三月にクリミア半島を一方的に編入して占領。そして四月、東部のドネツク、ルハンシク両州に親露派武装勢力が現れる。それぞれ「ドネツク人民共和国」「ルガンスク人民共和国」と名乗って政府庁舎の占拠を進め、一方的な独立を宣言した。五月からウクライナ政府側との本格的な戦闘が始まり、八年近くを経ても紛争が続く。

これらの武装勢力については数多くの証言などから、ロシア政府の統制下にあり、戦闘面ではロシア軍の秘密裏のウクライナ侵攻によって助けられてきたとの見方が一般的だ。一方、一五年二月に仏独両首脳の仲介で結ばれたミンスク合意は、ロシア軍には一切触れずに親露派とウクライナ政府の両者のみを紛争当事者とみなす。当時、ウクライナ側は戦線で押されており、不本意な条件をのまされた。対するロシアは一貫して「仲介者」として振る舞ってきた。

ミンスク合意では、停戦条件を細かく定めたほか、政治面では親露派支配地域に「特別な地位」（自治権）を与えるよう、憲法改正をウクライナ側に求めた。しかし、事実上プーチン政権がコントロールする親露派の地位をウクライナ国内で認めることは、ロシアの内政干渉につながる恐れが強い。具体的には米欧に接近する動きをすべて阻止することになるだろう。獅子身中の虫である。このためウクライナ世論の反発は強く、改憲はされないまま現在に至る。仮にロシアが両「人民共和国」を国家承認した場合、親露派を使ってウクライナを内側から揺さぶるという戦略を大きく転換させたことになる。それがフェセンコの指摘だ。

一方、ミンスク合意にはあいまいな表現ながらも、「外国の武装組織の撤退」や「違法なグループの武装解除」が定められているが、親露派とロシア側はこれを無視し、むしろウクライナ側が守るべき内容だと主張してきた。ロシアは一九年には親露派支配地域で住民にロシア国籍の身分証明書を発給する事業を始め、「住民はロシアの保護対象」という体裁を整えてきた。二つの「人民共和国」は各州の一部しか支配していないが、それぞれの州全域を「国家領域」と定めている。このため、「領土の回復」と主張して政府側支配地域に侵攻する可能性がある。

ゼレンスキー政権はウクライナにとって問題の多いミンスク合意の修正を求めてきた。だが、ロシア側は応じずに合意の政治部分の履行を迫るばかりで、交渉は行き詰まった。東部で紛争が続くこと自体がウクライナの国力を削ぎ、またNATOやEUへの加盟推進を困難にしてきた。

†ミンスク合意の全文

ここで、ミンスク合意の全文を掲載する。一四年春に始まったドンバス紛争の停戦や和平の条件と手順を定めた重要文書である。破綻した一四年九月の停戦合意（通称「ミンスク I」）を二〇一五年二月にバージョンアップさせたもので、「ミンスクⅡ」とも呼ばれる。ドイツ、フランス、ロシア、ウクライナの四カ国首脳が一六時間に及ぶ徹夜の交渉で合意文書をまとめ、ロシア、ウクライナ、親露派武装勢力と、停戦監視役の全欧安保協力機構（OSCE）の各代表（三者連絡グループ）がこれに署名した。合意が結ばれた直後、国連安全保障理事会でロシアが全当事者に合意の完全履行を求める決議案を提出し、全会一致で採択された。

ミンスク合意履行のための手段のパッケージ（※ミンスクⅡ）

ミンスク　二〇一五年二月一二日

（一）二〇一五年二月一五日午前〇時［現地時間］、ウクライナのドネツク及びルハンシク州の特定地域で即時かつ包括的な停戦とその厳格な実施をすること。

（二）安全地帯を設置するため、双方から等距離ですべての重火器を撤去する。一〇〇口径以上の砲システムについては互いに少なくとも五〇キロ幅▽MLRS（※多連装ロケット弾発射システム）については七〇キロ幅▽MLRSの「トルナードS」「ウラガン」「スメルチ」、及び戦術ミサイル・システム［トーチカ、トーチカU］は一四〇キロ幅とする。ウクライナ軍は現状の最前線を起点とする。ウクライナのドネツク及びルハンシク州の特定地域の武装組織

（※親露派武装勢力）は、二〇一四年九月一九日のミンスク覚書で規定された最前線を起点とする。上記の重火器の撤去は遅くとも停戦二日目に開始され、一四日間以内に完了すること。そのプロセスはＯＳＣＥに促進され、三者連絡グループによって支援されるものとする。

（三）衛星、無人機、レーダー装置などを含む必要なすべての技術的設備を使用し、重火器撤去の初日から、ＯＳＣＥによる停戦体制と撤去の効果的な監視と検証を確保する。

（四）（重火器）撤去の初日に、ウクライナの諸法律と「ドネツク及びルハンシク州の特定地域（※親露派支配地域）における暫定的な地方自治秩序に関する」ウクライナ法に基づき、地方選挙の手順について、並びに、この法律に基づくこれらの地域の将来的な体制について、対話を始めること。「ドネツク及びルハンシク州の特定地域における暫定的な地方自治秩序に関する」ウクライナ法の下、二〇一四年九月一九日のミンスク覚書に基づき、この文書に署名した日から三〇日間以内に、特別体制を享受する地域を特定するためのウクライナ議会の決議を速やかに採択すること。

（五）ウクライナのドネツク及びルハンシク州の特定地域で発生した事件に関わる人物の起訴と処罰を禁止する法律の制定により、刑罰の免除と恩赦を確保すること。

（六）「全員対全員」という原則に基づき、すべての人質と不法に拘束された人々の解放と交換を確保すること。このプロセスは、（重火器）撤去後五日目までに終了すること。

（七）国際的なメカニズムに基づいて、必要としている人々に対する人道援助の安全なアクセス、配送、保管、配布を確保すること。

（八）年金の支払いやその他の支払い［収入と歳入、すべての公共料金の適時支払い、ウクライナの法的枠組み内における課税の復活］などの社会的移転を含む、社会経済的結びつきの完全な再開の手順を定義すること。この目的のため、ウクライナは紛争の影響を受けた地域における銀行システムの統制を回復すべきであり、そのような移転を促進するための国際的なメカニズムが確立されるべきである。

（九）紛争地域全体におけるウクライナ政府による国境管理の完全な回復。地方選挙後の初日から開始し、二〇一五年末までに最終決定される包括的政治解決［ドネツク及びルハンシク州の特定地域でのウクライナ法規と憲法改正に基づく地方選挙］の後に完了すること。ただし、三者連絡グループの枠組みにおけるドネツク及びルハンシク州の特定地域の代表者との協議と合意に基づいて、第一一項が実施されていることを条件とする。

（一〇）すべての外国の武装組織、軍事装備、傭兵はOSCEの監視下でウクライナ領土から撤退すること。すべての違法なグループの武装を解除すること。

（一一）主たる要素として地方分権化［ドネツク及びルハンシク州の特定地域の特異性への言及を含み、これらの地域の代表者と合意されたもの］を規定するようウクライナ憲法の改正を実施し、新憲法を二〇一五年末までに発効させること。同様に、補足説明に記載されている措置に沿って、ドネツク及びルハンシク州の特定地域の特別な地位に関する恒久法を一五年末までに採択すること。

（一二）「ドネツク及びルハンシク州の特定地域における暫定的な地方自治秩序に関する」ウクライナ法に基づき、地方選挙に関する問題は三者連絡グループの枠組みでドネツク及びルハンシク州の特定地域の代表者と議論され、合意されること。選挙は関連するOSCEの基準に従って実施され、OSCE民主制度・人権事務所によって監視されること。

（一三）ミンスク合意の関連分野の履行に関する作業部会設立などを通じて、三者連絡グループの作業を強化すること。それらは、三者連絡グループの構成を反映する。

（補足説明）そのような措置は、ドネツク及びルハンシク州の特定地域における地方自治の特別体制に関する法律によると、次の通り。

▽ドネツク及びルハンシク州の特定地域で発生した事件に関与した者に対する処罰、起訴、および差別の免除。

▽言語の自己決定権。

▽ドネツク及びルハンシク州の特定地域における検察庁と裁判所の長官任命に対する地方自治機関の参加。

▽中央政府当局が、ドネツク及びルハンシク州の特定地域の経済・社会・文化的発展に関して、地方自治機関と協定を結ぶ可能性。
▽国はドネツク及びルハンシク州の特定地域の社会・経済的発展を支援。
▽ドネツク及びルハンシク州の特定地域における、ロシア連邦の各地域との国境を越えた協力に対する中央政府当局による支援。
▽ドネツク及びルハンシク州の特定地域における公の秩序を維持するため、地方議会の決定による人民警察部隊の創設。
▽来たる選挙で選出され、この法律に基づいてウクライナ最高会議（※国会）によって任命される地方議会の議員及び公務員の権限は、繰り上げて終了することはできない。

三者連絡グループの参加者
ハイディ・タグリアヴィニ特使（※OSCE特使、スイス出身）
ウクライナ第二代大統領、L・D・クチマ
駐ウクライナ・ロシア連邦大使、M・Yu・ズラボフ
A・V・ザハルチェンコ（※「ドネツク人民共和国」首長）
I・V・プロトニツキー（※「ルガンスク人民共和国」首長）

†開戦前にあり得たシナリオ

フェセンコへのインタビューに戻る。ウクライナにおけるＮＡＴＯ加盟支持率はどう変化したのか。

「プーチン氏がウクライナのＮＡＴＯ加盟を望んでいないことを私たちは知っているが、ウクライナをＮＡＴＯへと押しやっているのはまさに彼なのだ。ロシアによるクリミア編入強行の以前は、ウクライナでの加盟支持は二〇％に過ぎなかった。一四年以降、状況が変化した。現在、ウクライナ人の約四五％が加盟を支持し、二〇％が反対だ。この問題について国民投票が行われたら、投票参加者の中では加盟賛成は六〇％はいるだろう。ただし、ＮＡＴＯに加盟する一部の欧州諸国はロシアとの紛争を望まず、ウクライナの加盟に反対している。

ヤヌコビッチ大統領の時代、ウクライナはいかなる軍事ブロックにも参加しないという非同盟の地位に関する法律を採択した。だが、この非同盟という立場は、私たちを（一四年に起きた）ロシアとの紛争から救いはしなかった。現在でさえも、ウクライナのＮＡＴＯ新規加盟について交渉は何ら実施されていないのに、プーチン氏はこれを米欧への最後通告の理由と言っている。

プーチン氏はウクライナを自由な国家とは考えておらず、ロシア世界の一部とみなしている。彼はウクライナや旧ソ連圏全体を掌握したいと考えている。口先では、ロシアは「ウクライナの中立に賛成」としているが、現実には自国の統制下に保持したがっている。既に私たちの安全は破られてきた。実際のところ、ウクライナはロシアよりもはるかに安全の保障を必要としている。そして、ロシアが要求しているのは、ウクライナの主権の侵害だ」

——米欧からは「ロシア軍の侵攻が明日にも始まる」という情報が発信されている。「ウクライナ政府もそのリスクを否定してはいない。ゼレンスキー大統領や政権指導部は「戦争はあり得る」と言っており、ウクライナ軍は戦闘準備態勢に入った。米欧との違いは何か？　開戦のおそれに関する論議が既に一カ月も続いて経済危機につながり、国民は苦々しく思っている。国内では戦争についての懸念はあるが、パニックはない。一方、米欧ではメディアや政治家の一部がパニックに陥っている。これが問題だ。

ウクライナ政府は、国境沿いに集結しているロシア軍部隊はおよそ一二万人と見ており、これは大規模戦争には足りない規模だ。だが、ドンバスなどでの地域的な軍事作戦には足りる。大規模戦争のためには、全方面から攻撃してウクライナを制圧するのに最低三〇万人の軍が必要だろう。ロシアがもし戦争を始めるなら不意を突くはずだ。米国政府は先手を打って戦争開始の可能性がある日付を示すことによって、開戦のリスクを下げている」

――今回の危機はどのような結末を迎えるか？

「それを知るのはプーチン氏のみだ。三つのシナリオを提示してみたい。第一としては最も合理的なもの、取引だ。米欧が譲歩し、ロシアが同意する。中距離ミサイルの配備だとか軍事演習の制限についての合意だ。欧州の安全保障に関する何らかの追加合意もあるかもしれない。

私は、ウクライナやジョージアのNATO加盟問題で合意が得られるとは思わない。米欧はロシアに対して、両国について永遠の加盟拒否を約束することはできない。しかし、NATOがロシアに「ノー（両国の加盟を拒否）」と言わず、一方でウクライナとジョージアにも「イエス（加盟を推進）」と言わない場合、現在の状況を維持することができる。

二つ目のシナリオは地域的な軍事行動だ。もしプーチン氏が米欧を言葉のみで恐れさせることに失敗したら、彼は戦争によっておびえさせようとするかもしれない。プーチン氏は戦争によって西側に譲歩を強い、ウクライナには新たな停戦合意を強いようとするかもしれない。

三つ目のシナリオは、新たな冷戦。第二次大戦後のように、ロシアと米欧の対立が激化し、恒久的となる。目下の緊張は取り除くことができても、ロシア軍のほとんどはウクライナやバルト諸国、ポーランドとの国境地帯に陣取り続けることになる。当然、米国とNATO諸国はロシア国境地帯で軍部隊の配置を強化し、ウクライナを支援する。どのようなシナリオをプーチン氏が選ぶか、成り行きを見てみよう」

†Xデーの団結デモ

翌一六日、「ロシアの侵攻開始があり得る」と一部の米欧メディアが報じてきたXデーを迎えた。朝から乳白色の曇り空で今日も寒い。ロシアは一五日にウクライナとの国境付近から一部部隊の撤収を始めたと発表したが、米国は懐疑的な見方を示している。そうした中でゼレンスキー大統領の指示によって一六日は「国民統合の日」に急きょ定められ、青と黄の二色のウクライナ国旗が各地で掲げられた。キーウでは中心部の独立広場で集会があると聞き、私は助手のビクトルと足を運んだ。

午前一〇時ごろから防寒着姿の男女数十人が広場に集まり、やや小ぶりなデモが始まった。国旗を振って、国歌を合唱することで現下の危機に動じない姿勢を示す。参加者が手に持つ段ボールのプラカードには「団結は愛」「団結は力」といったフレーズ。二、三〇代の大統領支持者が中心のようだ。「ウクライナに栄光を、英雄に栄光を！」と叫ぶ声が上がり、「プーチンはくそったれ」という罵声も響いた。国内外の報道陣が取り囲み、思

独立広場での「国民統合の日」のデモに集まり、団結を呼びかける市民（キーウ、2022年2月16日）

い思いにカメラのシャッターを押す。

一段落して参加者に話を聞いた。キーウ郊外在住のデザイナー、スビャトスラフ（二二）は「国家への支持をアピールするために友人や同僚と参加しました。戦争への恐怖は感じていない。今、ロシアがやっているのは単なる挑発行為でしょう。だから、私はこの後、出勤していつも通りの生活を送るつもり」と落ち着いた様子で語る。大統領与党「国民の奉仕者」党の青年部メンバーという。「もしロシアとの戦闘が起きたら？」と少し突っ込んで聞くと、「ロシア軍はキーウには侵攻せず、戦闘があるとしても東部でのことでしょう」と淡々と答えた。

ラクダ色の行動服を着たアンドレイ・

ステファノフ（四〇）も「全面戦争は起きないと確信している。ロシアにとっても利はない。ただ東部ドネツク、ルハンシク両州に対してはかみついてくるでしょう。いま、カディロフ（露連邦チェチェン共和国首長）傘下のろくでなしが向かっていると聞く」と見通しを語った。彼は一四年から数年間にわたって東部ドンバス紛争で義勇兵として戦い、現在はキーウ市の警備担当の一員という。「ウクライナ人は自発的に団結する気質を持つ。我々は最後までここに立ち続ける」と言い切った。

「国際社会に言いたいことは？」と尋ねると、「愛国者」を自認するアンドレイは私の目をじっと見つめて口を開いた。「戦うより宴会でもやった方が良い。お互いを愛し、尊重し合う方が良い。ウクライナは平和な国です。ただ、善には善を返し、悪には悪を返す」。侵略されれば戦う意思は強固ということだ。

少し違う考えの参加者もいた。肩に国旗をまとったウラジーミル（二五）は「命を奪う戦争には反対。とにかく平和を」と訴える。ピンク色のニット帽とダウン姿の女子高校生、アリーナ（一六）は「きっと状況は好転する。何かあっても他の国々が支援してくれる。ロシアとの関係悪化はプーチン大統領のせいだと思います。ロシア人は兄弟民族で、きっとまた仲良くできるはず」と祈るように話した。

†国民的作家はどう見ていたか

ウクライナに来たからには、ぜひ会って見解を聞きたい人がいた。この国を代表する作家の一人で、政治や歴史に造詣が深いアンドレイ・クルコフ(六〇)。私は六年前にもインタビューしたことがあった。この日、うまくアポが取れ、昼下がりのカフェで待ち合わせた。やって来たクルコフは卵形の顔に白い口ひげを生やし、好奇心旺盛な瞳は相変わらずだ。近年のウクライナの変化や現在の危機について、彼はどう見ているのだろう。今回はロシア語ではなく、英語での質疑応答となった。

――一四年以降、ウクライナ人の考え方はどう変化してきた?

「ウクライナ社会はいくつかのグループに分かれている。少数派だが政治に影響を与える非常に活動的な人々がおり、街頭でのデモが政権を交代させたり、政策変更をさせたりしてきた。他の国と同様、多数派はどちらかと言えば受動的だ。ドンバスで続く紛争や不安定な政治に疲れた人たちもいる。だが、国民はこの状況に慣れ、国からの支援を受けずに生き抜く方法を学んでいる。

これまでにウクライナで起きた事象が人々に団結を促し、活動的な層が増えている。軍を支え、祖国防衛の用意があるという人が多くなっている。高学歴層は特に愛国的になってきた。一方で、住宅のテラスに掲げられた国旗がそう多くないのは、（ロシア軍侵攻の）脅威が身に迫っていると信じない市民が多い証拠かもしれない」

――ウクライナ人のロシアに対する思いは？

「大きく変わった。以前は、ＮＡＴＯ加盟反対が多数派だったが、今では加盟賛成が多数派だ。ドンバス地方や南部オデーサ（オデッサ）地方にはロシア語を母語とするに親しみを持つ人たちが、まだいるが、大多数の国民は反露的になった。私はロシアはロシア語を母語とするが、ＳＮＳ（ネット交流サービス）などでロシア語は〝敵性言語〟と呼ばれるため、声に出して話すのは肩身が狭い。ロシアが状況を深刻化させるほど、より多くの人たちが反露的になる。

作家のアンドレイ・クルコフ
（キーウ、2022年２月16日）

「ロシア語を話す者は親露的だ」という批判もされるようになったが、それは事実とは異なる。おそらくロシア語話者の半数以上は親露的ではない。私は、ロシアの親戚と電話で政治について決して話さない多くの友人を知っている。政治について話し始めると口論になり、それ以上話すことができないからだ」

クルコフはほろ苦いような表情を見せる。

ロシア系の出自を持ち、ロシア語で小説を書いてきた。母語を取り巻く状況には複雑な思いがあるようだ。

†汎スラブ主義というプロパガンダ

両国を巡る問題について、プーチンは二一年七月、「ロシア人とウクライナ人の歴史的一体性」と題した論文を発表している。キーウ・ルーシからソ連、現代へと至る複雑な歴史の流れを自身の解釈で説明し、両民族の密接なつながりを強調した。他方、今のウクライナは西側諸国に事実上コントロールされ、ネオナチが横行していると訴える。長い文章の中で目に付いたのはこんな記述だ。

〈歴史的、精神的にひとつの空間に属するロシアとウクライナの間に近年壁が生じたことは、私たち共通の不幸であり悲劇であると、私は捉えています。これは何よりもまず、私たち自身がさまざまな時代に犯した過ちの結果と言えるでしょう。しかし同時に、絶えず私たちの一体性を損なおうとしてきた勢力が、意図して取り組んできたものの結果でもあるのです〉〈ロシアに対してただ好意的なだけでなく大きな愛情を持って接する数百万というウクライナの人々の心も、今なおそのまま残っています〉。終盤にはこうあった。〈ウクライナの真の主権は、ロシアとのパートナーシップにおいてこそ実現可能であると、私は確信しています。これまでも、そしてこれからも、共にいることによって私たちは何倍も強くなり、何倍もの成功をもたらすことができるでしょう。なぜなら、私たちはひとつの民族だからです〉（いずれも在日ロシア大使館の和訳より抜粋）。

全体を通して、ウクライナに対する強い執着を感じさせる。こうした考えについて、クルコフはどう答えるか。

――プーチン大統領は「ロシア人とウクライナ人は同じ民族だ」と訴えている。

「それは最も安直なプロパガンダです。一九世紀にも同様の「スラブ民族はみんな同じ兄弟」とする汎スラブ主義が提唱されていた。実際には、ウクライナ人とロシア人はまったく異なる精神性を有しており、それは両国の異なる歴史に基づいている。ウクライナは一六～一八世紀にかけての約三〇〇年間、独立した領域だった。民主的な選挙で選ばれた指導者「ヘトマン」がおり、司法制度もあった。外交活動もしており、オスマン帝国との文書のやりとりにはウクライナ語が使われていた。

ウクライナ人の精神性はアナーキー（無政府的）であり、個人主義に基づいている。一方、ロシア人の考え方は君主制に基づき、彼らはツァーリ（皇帝）の周りに集まるのが大好きだ。ロシア人が「私たちは兄弟だ」と言うとき、それは「あなたは我々に属する」という意味だ。ソ連と同様にロシアには単一の与党があり、他の政党などはただの傀儡にすぎない。ウクライナでは法務省に登録された四〇〇の政党がある。ウクライナ人は皆、自分の政党を立ち上げたいと思っている」

――プーチンはウクライナに対してより強い影響力を持ちたいと考えているようだが、彼は既に失敗しているのだろうか？

「そうです。彼はもう、力ずくでしかウクライナを奪うことができない。かつてロシアには、英国がインドを扱うようにウクライナを扱うという選択肢があった。良い文化的関係があり、それに基づく貿易や共通の政治的利益がある、というあり方だ。しかし、ロシアは隣国を支配することを常に望み、今でも親ロシア派の政党に資金を提供している。

ソ連時代にロシアの集団的メンタリティーがロシア文化やロシア語と共にウクライナへ入り込んできた。しかし、一九九一年の独立以降、ウクライナの個人主義的メンタリティーが復活し、ロシア型の思考を押し返している。戦争がなければ、ロシアとウクライナの国境はやがて、ロシア型の集団主義とウクライナ型の個人主義の境界になるだろう。

ただ、ドンバスとクリミアはソ連時代からの集団的メンタリティーの地域だ。ウクライナ政府がこれらの地域の統治に注意を払わなかったため、それらは変わってこなかった」

――今、ドンバスの住民の志向も変化している？

「住んでいる国を失うのは簡単だということをみんなが理解したと思う。私たちはクリミアで何が起こっているかを動画で見ることができる。状況は悪い。ロシアに占領されたら、そこは破滅するだろうと人々は理解している。ロシア人はおそらく、クリミア半島でクリミア・タタール人をそう扱っているように、占領に同意しない人を次々と投獄するだろう」

――プーチン政権による今回の危機についてどう考える？

「これはロシア・ウクライナ間の危機以上のもので、覇権をめぐる地政学的な戦いだ。プーチンは死ぬ前に〝ロシア帝国〟を再び超大国にしたいと考えている。彼らは敬意をもって扱われることを望み、ウクライナなど自国の周辺地域を支配下に置きたいと思っている。西側諸国はこの点を理解すべきだ。そして、現代ではすべての戦争が連鎖反応を生む。経済や難民の問題は先進国をも揺るがす」

†元コメディアンの大統領

クルコフはプーチンの狙いをこう読み解いた。対するウクライナの指導者についてはどう評価しているのか。

ウォロディミル・ゼレンスキーは一九年春の大統領選で現職のペトロ・ポロシェンコを破って初当選した。チョコレートの製造・販売から身を立てたオリガルヒのポロシェンコに対し、ゼレンスキーは「庶民派」を売りにした。中南部の工業都市クリブイリフ出身で父親は数学の大学教授、母親は技術者というユダヤ系の一家に育った。中高生時代から演劇に目覚め、地元大学への進学後にはコメディー・ユニット「第九五街区」の活動にのめり込んでいく。ロシアの有名番組で優勝して名を挙げた。コメディー俳優としては一五年放送開始のドラマ「国民の奉仕者」で高校教師から大統領に当選する男を演じ、人気のテレビ・シリーズに。脚本家やプロデューサーとしても才能を発揮してきた。

ドラマを具現化したような圧勝での当選の背景には、対露強硬路線で行き詰まったポロシェンコに対し、ロシアとの対話も必要と有権者に訴えた点がある。七八年生まれで四〇代前半という若さや清新なイメージで、汚職がつきまとう既存政治と経済低迷、長引く紛争に対する不満を吸い上げた。一九年五月の就任演説では「最重要課題はドンバスの戦闘を止めることだ」と強調した。ゼレンスキーは大統領選での得票率七割の余勢を駆って、この年七月の最高会議（国会）選挙でも勝利する。自身が率いる政党「国民の奉仕者」が議席ゼロから単独過半数に躍進し、安定勢力を築いた。議員の不逮捕特権剝奪《はくだつ》など政治改革を始めた。そこまでは見事なサクセス・ストーリーだった。

――ゼレンスキー大統領はコメディアン出身ゆえに経験不足とも言われる。

「彼はテレビのショー・ビジネスの世界からやって来た。いま（政権幹部として）一緒に働いている人々のおよそ半分はテレビ業界から来ているだろう。彼が大統領になったとき、私は非常に失望した。彼の公約は大衆迎合主義的だった。腐敗した人々を刑務所に入れ、貧困を止める、公共料金は安くするなどと言った。彼はこれらを何一つやっていない」

クルコフは手厳しく批判する。

――ロシアに対する行動については？

「彼は自身のスタジオで制作した映像作品を旧ソ連諸国に売ってきた。ドラマ「国民の奉仕者」シリーズはロシアでもウクライナでも人気だ。同じ作品で笑っているという点だけ見れば、両国民は〝兄弟〟と言うこともできる。

だが、プーチンとロシアを潜在的な友人と捉えていたゼレンスキーの甘い認識は、ロシア側と直接対面したパリでの彼自身の経験（一九年一二月に独仏の仲介で実施された首脳会談）によって打ち砕かれた。それ以前には、彼はおそらく地政学について、そしてウクライナを支配したいというプーチンの本当の願望についてあまり理解していなかった。ロシアに対してより批判的になることを余儀なくされた後、ゼレンスキーは人気を失い始めた。ロシア支持をやめたのは、親ロシア的な層や、消極的で中立的な立場で彼に投票した人々だ」

一九年一二月のパリ会談では、ウクライナとロシアが双方の拘束者を交換することなどでは合意したが、ドンバス紛争についてはミンスク合意のどの項目を先に履行するかを巡って溝が埋まらなかった。これ以降、目立った進展は見られない。和平路線の頓挫から、ゼレンスキーは次第にNATO加盟を目指すなどの親米欧路線を強めていった。新型コロナ禍による経済低迷や政権内のスキャンダルもあり、ゼレンスキーの支持率は就任一年後には四割にまで低下した。

緊迫が続く現在の状況はこれからどうなるか。

――近い将来のウクライナについてどう予想する？

「二つの可能性がある。一つ目は、ウクライナ国境周辺での緊張が和らぐ一方、ドンバス情勢は深刻化するというパターン。危険なのは、ドネツクとルハンシク州にある分離主義者の二つの〝共和国〟の独立を承認する法律をロシア連邦議会が採択できることだ。現在、分離主義者は両州の半分以下のエリアを支配している。ロシアが二つの〝共和国〟の独立を両州の全域を対象に認めれば、それは彼らが支配地域の拡大を目指すという挑発的な事態になるだろう。彼らはロシア軍の戦車と兵士の助けを借りることになり、新たな脅威となる。

もう一つの可能性は、全面的な戦争が始まるパターン。そうなったら、ウクライナの国民は団結する。戦争の結果は米国からの兵器やその他の支援のレベルによって左右されるだろう。ロシアとの戦争が起きれば、ウクライナの一部が占領される可能性がある。しかし、ロシアは厳しい経済制裁で罰せられ、今後何年にもわたって孤立するだろう。ロシアは〝悪〟のイメージと結びつけられることになり、それはおそらくプーチンにとって最良の結果ではない」

これが長く両国を見つめてきた作家の予言だった。

†歴史は繰り返される

「現在六〇歳の私はソ連時代の三〇年間とその崩壊後の三〇年間とを生きてきた……」。そう切り出して、クルコフは自身の若き日について興味深いエピソードを一つ教えてくれた。

「私のソ連時代の一番の思い出は兵役のことだ。日本語の翻訳課程を修了していたので、KGB（国家保安委員会）で自衛隊将校の無線を傍受する仕事をして欲しいと言われた。しかし、これをやるとその後の二五年間、海外へ行けなくなる。そこで、私は警察病院の医師だった母親のコネを使い、オデーサにある刑務所の警備担当に任務を変更してもらった。あそこでの一八カ月は、作家になるには素晴らしい経験だった」

――現在はどんな本を執筆している？

「約一〇〇年前のキーウでの歴史犯罪物語を書いている。当時はロシア革命後の内戦期で、ウクライナは短期間だけ独立していた。だが、彼らは議会での意見の不一致と、より暴力的かつ決定的なボリシェビキのせいで敗北した。当時の公文書はたくさん残っている。私はこの物語を通じて、市民の多くが受動的で何かが起きるのをただ待っている場合に暮らしがどれほど脆弱になるかを示したい。そして、当時のボリシェビキの行動も描く。ボリシェビキはキーウに四回攻めてきた。三回は押し返され、その後戻ってきた」

――歴史を学ぶことは現状の理解にも役立つ?

「もちろん。しかし、残念なことに歴史は適切に教えられておらず、多くの人は歴史について知りたくないと思っている。だが、歴史は繰り返される」

クルコフが語ったボリシェビキ侵攻の話と「歴史は繰り返される」との言葉は私の脳裏に深く刻まれた。

†ドネツクを強制退去させられた元記者

とりあえずのXデーである一六日が過ぎた後、私は少しほっとした気分で取材を続けた。一七年以来、五年ぶりに訪ねたキーウは洗練された店が増えたという印象を受ける。空いた時間でデパートをのぞいたり、ラーメンを食べたりといった心の余裕も出てきた。

実を言うと、今回のウクライナ出張は気乗りがしなかった。イラン出張から戻ったばかりの二月一二日、東京のロシア担当デスクから「情勢が緊迫する中で他に行ける記者がいない」と突然、現地入りを要請された。確かに私は一四年以来のウクライナ危機で紛争取材も経験している。だが、軍事大国ロシアが全面侵攻に踏み出せば、これまでとは危険度が違う。米国政府がはっきりと警鐘を鳴らしているのも過去にはない状況だ。それでも私がキーウへやって来たのは、一〇年近くロシアとウクライナを取材してきた記者としての責任感が半分、残り半分はある種の好奇心、探究心かもしれない。ウクライナの人々はいま何を思っているのか、これから何が起きるのか——。

翌一七日、東部ドネツク、ルハンシク両州の親露派支配地域周辺では砲撃があるなど緊張が高まっている。現地情勢に詳しいドネツク市出身の元ジャーナリスト、エフゲン・シバロフ(四〇)に話を聞く約束を取り付けた。ショッピングモールのカフェにやって来た彼は焦げ茶のジャケットを着こなし、落ち着いた雰囲気だ。現在はキーウ在住で人道関係の国際機関に勤めている。彼の故郷、ドネツク市は約一〇〇万人が暮らしていた州都で、鉱工業が盛んな東部の主要都市だった。現在では親露派勢力「ドネツク人民共和国」が支配の中心地としている。彼は新聞記者として長年働いた後、一四年にドンバス紛争が始まってからは地元の人道支援組織へ活動を移した。しかし、親露派に「スパイ行為」を疑われて強制退去を迫られ、一六年にキーウへ移ったという。

ドネツク市出身の元ジャーナリスト、エフゲン・シバロフ（キーウ、2022年２月17日）

「記者時代の元同僚や友人など、私同様にドネツクを脱出した人は数多くいます。当初、人民共和国に好感を持った人たちも、紛争が続き、生活は上向きにならないので、失望していきました。こうした市民はウクライナの他の州へ移るケースが多かった。しかし、プーチン政権が一九年に親露派地域の住民にロシア国籍の身分証明書を発給するようになって以降は、ロシアへ移住する人が増えたのです。地元で広がる失望への対応策だったのだろう。炭鉱労働者や技術者が働き口を求めて移住しているほか、ロシアの大学へ進学する学生も少なくありません」

親露派勢力が一四年にウクライナからの独立を一方的に宣言して以降、その支配地域は国際的には認められない「未承認国家」となった。主要産業である採炭業や鉄鋼、重工業の製品を以前のように欧州市場へ輸出するのは不可能だ。シバロフは、この八年間の荒廃によって親露派地域の人口は減少傾向にあると指摘する。

こうして、ドネツクは年金生活の高齢者がおよそ半数を占め、また現役世代の多くを戦闘員が占めるようになった。その親露派武装勢力については、司令官らは外から来たロシア人で、地元民は下級の戦闘員という差別的な構図があるという。それでも、若い世代の間では、生活の糧を得るために戦闘員になる人も珍しくないようだ。シバロフは「地域経済は危機的状態でまともな仕事がほとんどない。だから、戦闘員であっても「積極的に戦いたくはない」という層が増えているようだ」と語る。

穏やかな口調のシバロフは努めて客観的な態度で話を続けた。

――ドネツクに戻りたいという気持ちは？

「もう自分の将来はキーウにしかないと考えています。ドネツクにはもはや希望はない。紛争が終わったら行きたいと思うが、終わるかも分からない。怖いのはロシアにおける決定の多くは感情的ではないかということ。不透明なのでプロセスも分からない。例えば、第二次大戦で日本は米国と戦うべきではなかったけれど戦った。ロシアも同様にウクライナへの全面侵攻やキーウ攻撃をする可能性はある。だから、私は最近気持ちが不安定です」

変わり果てた故郷への諦観とロシアへの恐れを静かに吐露した。

――プーチン政権のロシアについては？

「理解できません。（クリミア制圧やドンバス紛争介入など）ロシアが一四年にやったことの結果は彼らにとっても害が多い。それまでウクライナの東半分はロシアと悪い関係ではなかったが、ロシアは全ウクライナを失った。ウクライナは独立国家であり、その国民には自己決定権がある。そのことをプーチン氏は理解しない。ウクライナを弱い国と考え、国民はロシアと友好的だと勘違いしている。そして、彼は独裁者だから引くに引けないのでしょう。引けば周囲の支持を失う」

シバロフが情勢変化に気が気でないのは、一〇代の子ども二人や両親、祖母ら家族がドネツク州の政府側支配地域の町で暮らしているからだ。東部での戦闘激化が現実になった場合、家族の退避を助けに向かうつもりで準備も進めていると明かした。

†地元ジャーナリストが見た親露派の心理作戦とプーチンの狙い

続く一八日の夜、東部情勢に精通するもう一人のドネツク州出身者に会いに行った。キーウ郊外のホテルのカフェに険しい表情で現れたのは、ジャーナリストのセルゲイ・ガルマシュ（五〇）だ。彼は、ウクライナと親露派武装勢力、ロシア、全欧安保協力機構（OSCE）の代表が折衝する「連絡グループ」でウクライナ政府側のドネツク州代表を務めている。

この日、ドンバスの親露派勢力は「ウクライナ軍が攻めてくる恐れがある」と支配地域の住民に呼びかけ、隣り合うロシア側へ避難するよう促した。「反撃」といった口実で、ロシア軍がウクライナへ攻め込む危険性が高まった。眉間にしわを寄せたガルマシュは「今日は取材対応に短時間しか割けない」と断った後、自身の分析を話し始めた。

「いまウクライナ軍に親露派地域へ攻勢をかける計画はない。国境付近に大量のロシア軍部隊がいる中で、それは愚かで無謀な行為だ。我が方が攻撃準備をしていないのに地元住民を避難させる意図は、情報・心理作戦に他ならない。彼らは住民の間にヒステリーを生み出している。すべて茶番だ。米欧との交渉を有利にしたり、米欧からの圧力によってウクライナに両人民共和国との対話を強いたりすることが、ロシア側の狙いだろう。

もしうまくいかなければ、プーチンは両人民共和国の国家承認に進む可能性がある。そうなればミンスク合意は死文化し、ドンバスでは領土獲得を目指した激しい軍事作戦が実施されるだろう。ただ、この作戦が成功するとの保証はないし、ロシア人も死傷する」

――ロシア側がキーウまで侵攻してくる可能性は？

「侵攻があるとすれば、ドネツク、ルハンシクの州境までだと思う。両人民共和国は「憲法」に各州の全域を自分たちの領土と明記している。親露派勢力の中枢はロシア人だが、プーチン政権としては形式上、〝他人の手〟で戦うことで、米欧の制裁を回避できる。これはプーチンにとって、キーウなどへの攻撃よりも利があるはず。彼にとっては紛争それ自体が有益だ。紛争を激化させ、それによってウクライナと米欧を巧みに操るのが狙いだろう。新たな領土はロシアの財政支出を増やすので必要とはしない」

──両州の二つの人民共和国はやはりクレムリンの指揮下にある？

「もちろんだ。親露派支配地域では一度もまともな選挙が実施されたことはなく、政治指導層はロシア政府の指示に従っている。向こうでは産業の崩壊で資金がなく、ロシアの援助に頼っている。指導層は全員がロシア国籍の身分証明書を持ち、ロシアの操り人形だ。親露派の武装勢力も司令官はみんなロシア人で、一方、前線の塹壕にはウクライナ人の戦闘員がいる」

親露派支配地域の構造に関する分析は、先のシバロフとおおむね共通する。ガルマシュはさらに、ドンバス紛争の停戦合意について根源的な問題点を指摘した。

「ミンスク合意は、ロシアが自国を紛争当事国と認めず、仲介者と言っているうちは機能しない。ウクライナから見れば、二つの人民共和国はロシアの操り人形に過ぎないからだ。ロシアが自らを紛争当事国であると認めたとき、それはロシアが紛争解決を望んでいることを意味し、我々は何らかの合意に達することができる。それがないうちは、交渉は無意味だ」

†プーチンにとって不都合なドンバスの現実

ドンバス紛争について追記しておきたい。プーチンは二一年発表の論文「ロシア人とウクライナ人の歴史的一体性」で次のように主張している。

〈国連人権高等弁務官によれば、ドンバスでの抗争の犠牲となった人の数は一万三〇〇〇人にも及ぶそうです。その中には、老人や子供も含まれます。おそろしい、取り返しのつかない喪失です。兄弟間の殺し合いを止めるため、ロシアはあらゆることをしました。ドンバスでの紛争の平和的解決を目的に、ミンスク合意が締結されました。これに代わる案はないと、私は確信しています。（中略）ウクライナ代表はミンスク合意の「完全遵守」を定期的に口にしていますが、実際に彼らを貫くのはミンスク合意を「受け入れられない」という姿勢です。ドンバスの特別な地位やそこに住む人々への保証について、真剣に話し合うつもりなど彼らにはありません。もっぱら「外国による侵略」の犠牲者のふりを利用して、嫌ロシアの普及に努めています。そしてドンバスでは流血の惨事を挑発するのです〉

ドンバスで起きていることは内戦であり、ロシアはそれを止めようとしてきた、解決には親露派支配地域に「特別な地位」を与えるしかない、それを拒むウクライナ政府は許せない――というのがプーチンの論法だ。

国連人権高等弁務官事務所の発表（二二年一月）によると、ドンバス紛争における一四～二一年の合計死者数は推計一万四〇〇〇人超にのぼる。プーチンが挙げた数字はほぼ正しい。ただし、詳細を見ておく必要がある。死者の内訳は民間人が少なくとも三四〇四人、ウクライナ軍兵士は推計四四〇〇人、親露派戦闘員らは推計六五〇〇人とされる。民間人の死者数は紛争が始まった一四年に二〇八四人と最多で、翌一五年には九五五人、一六年に一一二人、一七年に一一七人と推移し、五八人だった一八年の後は毎年二〇人台に減少し、二一年は二五人だった。民間の犠牲の原因は双方の攻撃に由来する。また、OSCE監視団の年間報告によると、ドンバス紛争における双方の停戦違反行為の確認件数は一七年以降では毎年減少しており、一九年は約三〇万件、二〇年は約一三万件だったのに対し、二一年は約九万件にとどまった。

ロシア発のプロパガンダには「ウクライナ側によってドンバスで一万四〇〇〇人が虐殺された」と主張するものもあるが、現実をゆがめた明らかな偽情報だ。「ロシア系住民やロシア語話者に対するウクライナ政府の暴虐」を訴えるロシアにとって、紛争の烈度が低下して民間の犠牲者が減ってきたことは都合の悪い事実となっている。

ドンバス紛争の戦死者を顕彰する「ウクライナ防衛者たちを記憶する壁」（キーウ、2022年２月18日）

†ひび割れた友好アーチ

ガルマシュの取材を終えた後、私は助手ビクトルの案内でキーウ中心部を歩いた。静かな冬の夜だ。黄金色と緑色の丸屋根が複雑に組み合わさった世界文化遺産の聖ソフィア大聖堂、続けて、空色の壁が特徴的な聖ミハイル黄金ドーム修道院。千年を超える古都の歴史を感じさせる建物を眺めながら石畳を進む。

黄金ドーム修道院の塀には一〇〇〇人もの顔写真が名前と共に掲げてあった。「ロシア・ウクライナ戦争で倒れたウクライナ防衛者たちを記憶する壁」と題され、一四年から続くドンバス紛争の戦死者を顕彰している。通りかかった男児と母親が言葉を交わしながら、じっくりと眺めていた。さらに公園へ歩いて行くと、ウクライナを東西に分ける大河ドニプロが見えてくる。一九年に完成した空中遊歩道がここから伸びており、天空散歩のように川を見晴らせる。

遊歩道を抜けると、ウクライナとロシアの現況を端的に示す造形物が現れた。ソ連時代に設置された、両民族の友好を象徴するモニュメントだ。ウクライナ人とロシア人とされる屈強な男性二人の像が並び立ち、一緒にソ連の国章を高く掲げている。像の上には虹のような形をした巨大な金属製アーチがあるのだが、頂部付近にくっきりと「ひび」が見える。一八年に黒い塗料で描かれたこの亀裂は、近年の両国関係を視覚的にイメージしたものだ。

このモニュメントから数百メートル先にある「欧州広場」の中央にはウクライナ国旗とEU旗のポールが並ぶ。その中心には羅針盤を模したNATOのシンボルマークがあり、示唆的だ。そのまま独立広場まで進むと、金曜日の夜らしく地下道から路上音楽家の演奏が響いてきた。

†退役軍人のピザ

表面上は平和そのもののキーウだが、一四年から長引くロシアとの対立はウクライナの社会や経済に大きな影響を与えてきた。その一例が退役軍人の存在だ。東部の前線で戦った兵士たちが退役後の社会復帰で困難に直面するケースが相次いだという。かつてのソ連のアフガニスタン侵攻（一九七九～八九年）から戻った元兵士の一部のように「犯罪に手を染めるのではないか」と、偏見を持つ雇用主もいるからだ。

街歩きで空き時間をつぶした私たちは午後一〇時過ぎ、独立広場から緩い坂をのぼった途中にある一軒のピザ店の重い扉をゆっくりと押した。

「ベテラン（退役軍人）のピザ」キーウ本店。店内にはドンバス紛争の前線で戦った兵士たちや戦闘車両の写真、勲章と各部隊のワッペン、小銃の薬莢などが飾ってある。洒落た雰囲気でバー・カウンターも備えている。席で待っていると、店の創業オーナー、レオニード・オスタルツェフ（三四）がやってきた。がっちりとした体格の持ち主だが、疲れているのか少し眠そうに見える。彼は自らも退役軍人で、前線から戻ったばかりの一五年、雇用問題に対する自分なりの解決策を思いつく。

「当初、退役軍人の職探しを支援する活動に取り組んでいたが、やがて雇用主たちに偏見があるのを知ったのです。そこで、調理師出身の私はピザ店を開くことにした。元兵士たちにピザの作り方を教え、私たち退役軍人は人と違った経験を持つだけの善良な市民だと示してきたのです」

たった一人で創業した店は少しずつ規模を拡大し、ウクライナ各地にピザ七店、カフェ二〇店のチェーンに成長した。店は西部リビウや南東部マリウポリ、南部オデーサにもある。

「私たちには独自の規律があります。各店の店主は全員が退役軍人で、従業員も半分はそう。ただし閉鎖的にはせず、戦闘経験のない市民と一緒に働くようにしている。心理専門家も雇い、みんなが毎週一度は相談できる制度を整えました。

元々、フランチャイズにするつもりはなかった。自分と友達のために一店舗でほどほどに稼げればと思っていました。けれど、退役軍人たちが次々と私の元にやって来て、同じブランドで店を開きたいと相談された。それで店が増えたのです。私の主たる目標は顧客に最良のサービスを提供すること。それと、いくらか稼いだら誰かを助けること。毎週土曜、孤児たちに無料でピザを提供する慈善活動を続けています」

ひげ面と両腕の入れ墨で少しこわもてのオスタルツェフだが、ふっと目尻を下げた。

ドンバス紛争における自身の戦闘経験はどのようなものだったのか。

「壁の写真は私が所属した小隊のものです。私は機関銃手で、一四年六月から九月にかけては特に激しい戦闘を経験しました。ドンバスで分離主義者たちと戦い、私の大隊はロシア領からも攻撃を受けた。もしあの戦場にロシア人が送り込まれていなければ、この紛争は一四年中に終わっていた」

紛争の話になると、オスタルツェフはぐっと前に乗り出した。戦場を知る人間として強い思いがある。

「私は職業軍人ではなく、隊の仲間もみんな一般の労働者だった。当時、ウクライナには実質的な意味での軍は存在せず、ロシアと戦うなど考えたこともなかった。だが、今やウクライナ軍は以前よりずっと強くなり、経験も積んでいます。私のような予備役軍人は二五万人いる。くそったれどもを倒すのに必要な兵器はすべてある。一四年とは大きく違う。ロシアはくそったれだ。プーチンはくそったれの独裁者だ。彼にはドンバスの土地は必要ではない。だが、我々にとっては自国の土地、自国の住民だ。住民は人質になっている」

こう言って拳をぐっと握った。予備役軍人の一人として、有事には再び武器を手にする覚悟を持っている。

✝ウクライナ経済の変化

この八年間でウクライナの経済も変化してきた。銀行家出身の地元エコノミスト、アンドリー・オニストラト（四八）に解説してもらった。キーウ中心部のマンションに自前の撮影スタジオを構え、経済解説の動画配信で人気を集めている。趣味はランニングで、エネルギッシュな雰囲気を持つ。席に着くとテキパキと話を始めた。

「一四年の危機で、ウクライナはクリミア半島とドネツク、ルハンシク州の一部を失った。東部二州には鉄鋼産業などが集積していたので経済にとって打撃となりました。ロシアとの紛争がなければ、ウクライナ経済はもっと成長していただろう。紛争は多くの資源を必要とし、投資家の気分にも影響を及ぼす。ウクライナの国家予算では国防費が以前の数倍となり、さらに増えつつある。一方、汚職問題については、近年はかつてほど大規模ではなくなっていると思います」

――対ロシア貿易はどう変化した？

「一四年以前、ロシアはウクライナの対外貿易の約四割を占めていたが、その後少しずつ減少しました。代わりに増えたのがポーランドなどの欧州諸国やトルコとの取引です。特に農業、鉄鋼、労働力が目立つ。農業では穀物が主要産品で、生産量の八割が輸出に回る。来年の収益は二五〇億ドルと予想されています。ヒマワリ油の生産量も世界最大級だ。我々には黒土という財産があり、耕作適地は三一〇〇万ヘクタールある。技術によって生産効率を高める余地もあります。

また、ウクライナは世界有数の鉄鋼生産国です。鉄鉱石の豊富な埋蔵量を有し、中南部クリブイリフや南部ザポリージャ、南東部マリウポリに大きな製鉄所がある。世界市場に鉄鉱石と鉄鋼を輸出してきた。鉄鋼の価格上昇によって輸出は増加している。さらに別の可能性はエネルギーです。ウクライナには原子炉が一五基ある。発電した電気を欧州へ輸出することができる。

出稼ぎ労働者の存在も非常に大きい。統計によるが、欧州で五〇〇万〜八〇〇万人が働き、本国への送金額は二〇〇億ドルにも達する。私たちはＩＴ技術者についても有力な国の一つだ。国内に三三万人ものプログラマーがいる。財布に余裕のある彼らは中心的な消費層です」

――では、もしロシアとの戦争が始まったら？

「万一、開戦してしまったら、ウクライナは深刻な経済難に陥るでしょう。投資も建設事業もすべて止まる。先行きが不確実になる。しかし、ロシアは戦争を始めれば自らの経済にも強烈な打撃を受けるので、私はそんなことはあり得ないと思っています」

楽観的なオニストラトは白い歯を見せてにっこりと笑った。

†市民の軍事訓練

緊迫した情勢が続く二月一九日、民間人による「地域防衛隊」の軍事訓練を取材するため、私は朝から助手のビクトルと車でキーウ郊外へ向かった。地域防衛隊は国防省傘下の組織で、有事には軍の主力部隊が到着するまで地域を守るなどの役割を負う。廃工場敷地での毎週土曜恒例の訓練だ。針葉樹林の林道をゆっくりと進むと、やがて白樺林に入り、線路の脇に車が何台も止まっている。集合した参加者はざっと二〇〇人。性別、年齢、職業、軍事経験もさまざまな市民の有志という。迷彩柄のそろいの戦闘服に身を固めた古参メンバーもいれば、普通の防寒着やジーンズ姿の新人たちもいる。

広報担当のセルゲイ・アガロードニクは「昨年春にロシア軍がウクライナ国境沿いに大部隊を展開して以来、人々は脅威をより実感するようになり、参加者が増えている。ロシアは侵略者だ。一四年から戦争が続いているし、人々は戦争がより近づいてきたと感じているのです」と説明した。

「準備、攻撃！　もう一回！」「常に目標を見るんだ」――。

外気温四度、ザラメのような小雪がちらつく中、退役や予備役の軍人らの指導する訓練がグループごとに始まった。コンクリートの廃虚が点在する荒れ地で、片膝をついたり、伏せたりしながら正しい射撃姿勢を繰り返し練習する。手に持つのは木製の模擬小銃などだ。

「射撃訓練の経験はある」という初参加の自営業男性ビターリー（三二）は「戦争勃発を危惧している。侵攻されれば武器を取って祖国と家族を守る」と一言。保険会社員のエフ

地域防衛隊の訓練で射撃姿勢を練習する参加者たち
（キーウ郊外、2022年２月19日）

ゲニー（四六）は「もちろん平和を望んでいるが、現在はかなり危機的な状況だ」と顔をこわばらせた。ウクライナ東部ドンバスの戦闘に義勇兵として参加した経験を持つメンバーもいる。慣れた様子で小銃を扱っていた法律職の女性ビクトリヤ（四五）はその一人だ。「ここ数年は普通の生活に戻っていたけれど、ロシア軍が国境に迫る中、準備しておかなければと感じている」と冷静な表情で語る。

訓練の休憩時間を利用して、古参メンバーに少し詳しく思いを聞いた。

キーウで保険会社を経営するウラジーミル（五五）はロシア系市民だ。両親ともロシア人で、自身が一〇代半ばの一九

地域防衛隊の古参メンバーでロシア系の血筋を引くウラジーミル
（キーウ郊外、2022年２月19日）

八三年に一家でロシアからウクライナへ移ってきたという。鉄道技術者だった父の転勤に伴うソ連国内での引っ越しだった。若い頃、八〇年代後半にはソ連軍兵士としてアフリカ南西部アンゴラでの内戦の支援に送り込まれた経験がある。それもあって、三年前から地域防衛隊に参加してきた。隊内でのコードネームは「アンゴラ」。面長で温和な雰囲気だが、ヘルメットと戦闘服は様になっている。

ウラジーミルは自身の経歴を淡々と語った後、「私はウクライナ国民。ここで学び、結婚し、子どもたちも生まれた。ここが故郷なのです」と強調した。

――出身国ロシアとの危機に複雑な気持ちは？

「良い質問ですね。まず、ロシア国民とプーチン氏を分けて見る必要があると思う。それから、ロシア人の血が流れている私から見て、ウクライナにはロシアと異なる価値体系がある。ロシアの価値観は何か大きな目的を重視し、そのために人々は人生や家族を犠牲にする用意がある。ウクライナは「自分の家が一番大事」という価値観だ。隣の国がどんな生活をしていようと関心はないし、自分たちの生き方を誰かに指導しようというつもりもない。決して隣の国を攻撃しない。ウクライナ人は自分たちで決める。ロシアは我々に干渉しないで欲しい」。きっぱりと言い切った。

別の一人、コンサルティング会社社員の女性マリヤナ・ジャグロ（五二）は二年前から地域防衛隊に参加している。

「私はマイダン（一三〜一四年の反ヤヌコビッチ政権デモ）にはヘルメットをかぶって参加したけれど、ただの民間人です。軍事経験はありません。一四年にドンバスへのロシアの侵略が始まり、国民はみんな何かをしなければと私は理解した。ボランティアとして募金に携わり、物資を買ってはドンバスの前線へ送っていました。ただ、私は既に四〇歳を超えた女性で軍事経験も技術もなく、前線に行く考えはなかった。地域防衛隊には、ドネツクから避難してきた知人男性から強く誘われ、断るのも決まりが悪くて参加したのが始まりでした」

二年前から地域防衛隊に参加しているユダヤ系のマリヤナ・ジャグロ（キーウ郊外、2022年２月16日）

キーウ出身でユダヤ系の血を引く。「親族

はみんな米国に暮らし、私も向こうに住んだことがあった。けれど、ウクライナで暮らしていたいと戻ってきました」。自らが銃を持って戦う姿は想像したこともなかった。だが、毎週の訓練で銃器の扱い方などを学び続け、新人の指導役にまでなったという。

「入隊した二年前は私が唯一の新人で、メンバーも二〇人以下でした。年齢はさまざま。今は若者たちがやって来て、訓練を受けている。地域防衛隊はよその土地ではなく地元を守るのが良いところ。私たちはキーウを守ります」

ロシアに対してはどんな気持ちなのだろうか。

「ロシアについて一義的に考えてはいけません。あの国には犯罪的な政権によって意識を麻痺させられた不幸な人たちがいる。だから、残念。彼らは他の生き方をしたくてもできない。以前はロシア人を「兄弟（民族）」と呼んでいたけれど、今はそうは言わない。プロパガンダに洗脳された人々の間には敵意も渦巻いている。彼らは血と帝国を望んでいる。プーチンについては何を言ったら良いかも分からない。おかしな人物だと思います」

マリヤナは真剣な表情を変えずに話す。

「私たちは平和を求めています。穏やかに子どもたちを育てたい。一六日に戦争が始まると言われたけれど、始まらなかった。でも、それがその後も起きないということは意味しない。プーチンの性格を考えると、キーウ攻撃は現実に起き得ると思う。どんな事態もあり得る」
彼女は一月下旬の訓練で雪の下のくぼみに足を取られ、膝の靭帯の手術を受けたという。松葉づえを使いながら訓練に参加する姿から、強い危機意識が感じられた。

†キーウ退避

この日（二月一九日）の朝、私は東京の上司らと連絡を取り、キーウから近日中に退避すると決めていた。前日の一八日、米国のバイデン大統領が演説で「プーチン大統領がウクライナ侵攻を決断したと私は確信している。数日以内にロシアがウクライナを攻撃し、首都キーウも標的にすると信じるに足る理由がある」と発言したからだ。米国のトップがここまではっきり警鐘を鳴らすのは尋常ではない。私は正直、恐れを抱いた。

軍事訓練の取材をしつつ、同時期にカイロからキーウ入りした旧知の元モスクワ特派員S記者とメッセージアプリでやりとりすると、今夜の夜行列車で西部リビウへ移るという。軍事大国のロシアが本当にキーウを標的にするなら、戦車攻撃やミサイル攻撃はもちろん、大量破壊兵器使用のリスクもゼロとは言い切れないはずだ。もし最後通告があったり、実際に攻撃が始まったりすれば、首都から避難しようという大勢の市民で道路や鉄道が大混雑することが容易に想像できる。市街地の破壊がどんな規模で展開されるか分からない。

安全寄りの判断として、私も同業他社のS記者と同じ列車で退避することにした。リビウにいれば、ポーランド国境へ車で一時間半もあれば抜けられる。

前夜遅くに取材した「ベテランのピザ」で昼食をとった後、ホテルに戻って軍事訓練の原稿を書き、荷物をスーツケースに詰め込む。聖ソフィア大聖堂から数百メートルの位置にある小さなこの宿は、「世界遺産周辺エリアへは空爆もしづらいのではないか」と考えて選んだのだった。夜一〇時過ぎ、中央駅へたどり着く。駅入り口の警備はいつもより強化されている様子だが、構内に入ると少女たちが誰かのために「ハッピー・バースデー!」と朗らかに歌い、スノーボードを抱えた行楽客もいる。しっかりと暖房の効いた列車の四人部屋に乗り込み、早速横になる。喉が渇くのは暑さのせいか、緊張のせいか。やがて重い列車がゴトンと揺れて、西へとゆっくり進み始めた。

第二章　開戦の日のリビウ

†身構えるリビウ――プーチン演説

二月二〇日早朝、列車でたどり着いたリビウは魅力的な都市だった。冬の曇天と古びた街並みの組み合わせはユトリロの油彩画のような枯れた味わいがある。石畳の道の中央を路面電車がゴトンゴトンと音を立てて走りすぎてゆく。迷彩柄の戦闘服を着

趣のある歴史的建造物が建ち並ぶリビウ旧市街（リビウ、2022年2月22日）

た若い兵士たちが学生のように数人連れで歩いている。

リビウを中心とするガリツィア地方は一三～一四世紀にかけてハーリチ・ヴォリーニ大公国が支配し、貿易で栄えていた。その後は長くポーランドやハプスブルク帝国の下にあり、第二次大戦期には独立を目指すウクライナ民族主義勢力が活動した。ソ連領に組み込まれたのは一九四四年以降のことで、ポーランドの影響やウクライナ文化を色濃く伝える。

一三世紀以来の歴史的建造物が数多くある旧市街は世界文化遺産に登録され、国内有数の観光地だ。市内には、独立を目指してナチス・ドイツと一時、手を結んだ民族主義指導者ステパン・バンデラ（一九〇九～五九）の立像もある。このバンデラこそ、プーチン政権が繰り返しその脅威を主張する「ウクライナの極右やネオナチ」の象徴的存在である。

翌二一日、デスクワークや電話インタビューで時間が過ぎていく。ロシアからの報道では、プーチン大統領がドンバスの親露派勢力「ドネツク人民共和国」「ルガンスク人民共和国」の国家承認について間もなく判断するという。緊迫した事態の中で二四日に米露外相会談、その先には米露首脳会談も予定されているが、ロシアのこの動きは要警戒だ。

プーチンはこの二一日、国家の重要課題を話し合う連邦安全保障会議をクレムリンの大広間で開催した。首相、外相、国防相、上下両院議長、連邦保安庁長官、内相など政権を支える側近を集め、両人民共和国の国家承認について順番に意見を諮る。もっとも、居並ぶ面々はほぼ異口同音だ。NATO東方拡大の脅威を強調し、ウクライナ政府の親露派地域に対する「攻撃激化」やミンスク合意の不履行を非難する。

結論ありきの御前会議にもハプニングはあった。異様な緊張感の下、プーチンと同じソ連のKGB出身であるセルゲイ・ナルイシキン対外情報局（SVR）長官が発言ミスを犯す。国家承認への賛否を明確にするよう迫るプーチンに対し、ナルイシキンはたじろぎながら「両人民共和国をロシアに編入する提案を支持します」と回答。プーチンに「私たちはそんな話はしていない」と苦笑され、言い直す混乱ぶりを示した。

午後九時からこの問題に関してプーチンの演説が始まる。私は、インターネット経由でロシア国営テレビの生中継に目をこらした。

「ドンバスの状況は、重大かつ深刻な段階に達しています」。こう切り出したプーチンは、歴史的事実を交えながらもロシアを一貫して〝善意の被害者〟として描く自身の歴史観と安保観を長々と吐露した。重要な点をかいつまむと次のような内容があった。

〈ソ連創設者のレーニンが歴史的にロシアの土地であったエリアを分割してウクライナを作り上げた。現代のウクライナではネオナチが台頭し、ロシア語とロシア文化を根絶やしにする政策が続いている。ウクライナはソ連時代の技術を利用して核武装を計画している。米国の対露政策の源は、ロシアのような大きくて独立した国は必要ないというものだ。

我々が入手した情報は、ウクライナのＮＡＴＯ加盟とその後のＮＡＴＯ施設の配備が既に決定され、時間の問題であると信じるに足る理由を与えている〉

ところどころ、相当に危うい発言が含まれている。演説終盤、ドンバスについては次のように語る。

〈ドンバスのコミュニティーが砲撃を受けない日はない。最近編成された大規模な軍勢は、攻撃用ドローン、ミサイル、大砲などを利用している。子供や女性、高齢者を含む民間人の殺害と虐待には終わりが見えない。彼らは、自分たちの土地に住み、自分たちの言語を話し、自分たちの文化と伝統を守る基本的権利のために戦っている。ロシアはウクライナの領土的一体性を保持するためあらゆることをしてきた。ドンバスの状況を解決するため、ミンスク合意が履行されるように辛抱強く推し進めてきた。すべてが無駄だった。キエフの攻撃的で民族主義的な政権は、軍事以外の解決策を認識していない。ドネツク人民共和国とルガンスク人民共和国の独立と主権を直ちに承認する必要がある〉

プーチンは二一年発表の論文で書いた内容を繰り返しつつ、「ロシアの努力」は徒労だったと言い切った。演説後に国営テレビの場面は切り替わり、プーチンが両人民共和国の国家承認と、それらとロシアとの友好協力相互援助条約を結ぶ公文書に署名する姿が映し出された。条約には、ロシアが両地域に軍事基地の建設と使用の権利を持つことも盛り込まれている。ついに事態が動き始めた。プーチンはこの日、国防省に両地域への軍部隊派遣命令を出した。その名目は「平和維持」だが、いよいよ正面切ってドンバスへ侵攻する大義名分が示された。

私の脳裏をよぎったのは、八年前の一四年三月の似たような場面だ。プーチンは、ウクライナ南部クリミア半島を「クリミア共和国」としていったん国家承認し、その後にロシア領への編入を強行した。ロシアの対外行動には、先んじて又は後付けで法的な体裁を整え、国際的に正当性を主張するための下地を作るという一つのパターンがある。

プーチンが演説で語ったウクライナの「核武装脅威」論は要注意かもしれない。米国による〇三年開戦のイラク戦争を連想させ、侵攻への理由付けに使われかねない。核問題の背景には、ウクライナがソ連崩壊後に国内に残された核兵器を放棄するのと引き換えに、核保有国の米英露から領土の安全を保障された国際約束「ブダペスト覚書」（一九九四年）の存在がある。ウクライナのゼレンスキー大統領が一九日に「この約束が果たされていない」として、覚書の有効性に疑問を示した発言をゆがめ、プーチンが逆手に取った。この先、どのような軍事行動が始まるか、予断を許さない状況に入った。

リビウ市のアンドリー・サドビー市長
（リビウ、2022年2月22日）

†リビウの声——市長と、避難カップル

翌二二日午後、私はリビウ旧市街の中心にある市役所を訪ね、アンドリー・サドビー市長（五三）にインタビューした。西部拠点都市の政治リーダーとして、どのように構えているのだろうか。広々とした執務室で、円卓についたサドビーが落ち着いた様子で市の対応の説明を始めた。

「大変に厳しい状況だが、私たちは半年前から非常事態に備えてきました。停電時にも水道が使えるようにし、医薬品や血液製剤の備蓄も増やしている。ディーゼル発電機と燃料も大量に買っている。現在、この街には米国、カナダ、英国、イスラエルなど（キーウから一時退避した）多くの国の大使を迎えています」

サドビーは〇六年の初当選以来、この職にあるベテラン政治家だ。一四年秋には自身が率いる「自助」党が最高会議（国会）選挙で三三議席を獲得したこともあった。ダブルの濃紺ジャケット姿で質問には英語で答える。

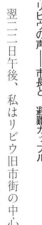

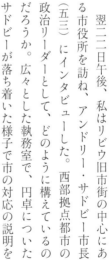

――ウクライナ西部がロシアから攻撃される恐れは？

「我が国に対するロシアの攻撃は八年前の一四年から始まっているが、更なる強烈な軍事攻撃があると予想しています。市民に対しては銃器の使用法や応急処置の訓練を実施している」

やはり、ウクライナ国内でも西部の方が危機意識はより強いのかもしれない。市長は表情を引き締め、話を続ける。

「もしウクライナ東部などに激しい攻撃が加えられたら、リビウでは二〇万人近くの避難民を受け入れる用意があります。西部の諸都市とも連携している。リビウは八年前、クリミアと東部ドネツク、ルハンシク両州から計約一万人の避難民を受け入れた経験がある。ここは大学都市なので、いざとなれば学生寮や宿泊施設を避難民のために転用できるルールがあるのです」

――リビウ中心部を歩くと観光客もおり、平穏に見える。

「市民はそれぞれ落ち着かない日々を過ごしています。ロシアは我が国を破壊しうる。我々はライオンのようにあらねば。ウクライナでは毎年新たな国民が誕生し、若者たちはソ連時代を知らない。この自由な社会をプーチンは破壊したがっている。昨日（二一日）のプーチンのメッセージは彼の野心と狂った思考のわかりやすい例だ。ウクライナは過去に存在しなかったなどとして、プーチンは歴史を書き換えようとしている。しかし、私はウクライナの勝利を確信しています。日本や米国、英国、ＥＵ、カナダなど数多くの民主主義諸国が共にある」

サドビーがライオンを引き合いに出したのは、それがリビウという都市名の由来であり、街の象徴になっているからだろう。市庁舎の入り口前には雄々しいライオンの石像がある。私が一つ気になったのは、よく言われるウクライナ西部と東部の市民意識のギャップだ。二つに分けるのは雑な分類だが、リビウなど西部ガリツィア地方ではウクライナ人としての民族意識が強く、一方、東部や南部には親ロシア的な住民が存在する。この大づかみの傾向は否定できない。

――西部と東部の違いはどう見る？

「八日前、私は東部ドネツク州のホルリフカ（ゴルロフカ）付近を訪ねました。（親露派が支配する）占領地域までは一・五キロ。そこでウクライナ軍の将兵や市民と話した。こんにち、ウクライナ各地に暮らす市民はほとんど同じ立場を取っている。祖国を支え、国のために戦わなければという思いは共通しています」

一四年から続くロシアとの事実上の戦争によって、ウクライナ全土で国民意識が強まったと言われる。サドビーは自分の目でそのことを確かめてきたというわけだ。

キーウで取材した地域防衛隊のメンバーをはじめ、「ロシアが侵攻してくれば祖国防衛のため戦う」と断言する市民は少なくない。ただ、少し違った考えの人々も存在する。市長インタビューを終えてから数時間後、若い恋人たちと小さなカフェで待ち合わせた。やって来たのは、今朝キーウから夜行列車で着いたばかりのIT技術者エフゲニー（二四）と生花店従業員アンジェリカ（二一）の二人。繊細な人形のような雰囲気を持ったお似合いカップルだ。

彼らは首都からの一時避難組である。ロシアの大軍勢がウクライナの国境周辺に陣取る現在、欧州諸国との国境がある西部が唯一、比較的安全と考えられるからだ。エフゲニーは仕事柄、ネット環境があればどこでも働ける。「キーウが怖くなったというわけではないのですが、少し安全なところで観光しながら働こうかなと思って。いつまでいるかは状況次第です」と打ち明ける。アンジェリカは同棲する三歳年上の恋人の判断を信じてついてきた。まずは二週間、リビウに部屋を借りたという。

今回の危機的状況について、カフェオレを飲みながらぽつりぽつりと思いを話す。

エフゲニーは言う。「一〇年前はこんなことになるなんて思いもしなかった。兄弟民族が衝突してひどい状況に陥ってしまった。ただ、徴兵は好きではありません。現代では必要ない制度だと思います」。いざとなれば銃を手にするといった愛国派とは違ったタイプだ。

アンジェリカは少し感傷的な様子を見せる。「ロシアの人々に言いたいことは何もありません。あんな政治家たちがいることについて、彼らに罪はないと思います」。そう言って、エフゲニーに目配せで同意を求める。

私は「ウクライナには侵略されたら最後まで戦うという人たちもいるけれど、どう思う?」とアンジェリカに尋ねた。

「私は、流血も爆発も、戦争のすべてが怖いから戦えません……。ただ、前線に行く人たちを誇りに思っています。一〇年生のころ、学校のみんなでドンバスの前線に食料や衣類を送ったのを覚えています」

身軽な二人はスーツケースを持ってキーウから飛び出してきたが、彼らの家族の状況はさまざまなようだ。エフゲニーの両親は東部ドニプロペトロウシク州で暮らす。「高齢の祖父母がいるので彼らは避難したがらないでしょう」。アンジェリカの両親はキーウだ。「だから、私は避難に気が進みませんでした。こちらに来て少し安心したけれど、必ず戻りたい。ママは何かが起きるとは信じていません。パパは有事には防衛の一助を担うつもりでいます。二人ともリビウへの避難には反対でした。私とはもう永遠に会えないかのように振る舞うのです。もちろん、私は国を離れたくはありません」

感情が高ぶったアンジェリカはふいに目に涙を浮かべ、両手で顔を覆った。エフゲニーが優しく話しかけ、肩をさすって慰めていた。

†広報訓練と病院の備え

リビウに来て四日目の二三日も助手のビクトルと取材を続けた。午前一一時、外は乳白色の曇り空で気温は四度、昼には雨の予報も出ている。

ロシアによる侵攻の恐れは高まっているが、戦闘はウクライナ東部から始まるとの見方は根強い。仮にキーウへの攻撃があるとしてもその後だろうと、私も予想していた。個人的には、イラン出張を終えてすぐのウクライナ入りから早九日が経ち、長距離移動と開戦予想の緊張で疲れを感じ始めている。東京のデスクとのやりとりで三日後には撤退し、次の記者と交代することが決まった。復路便の飛行機を予約し、エジプト入国に向けて新型コロナのＰＣＲ検査の手はずも整えた。小雪がちらつく中、ホテルから外へ出た。

「市民の皆さん、市役所からのお知らせです！」――。旧市街の静寂を破るアナウンスが唐突に流れる。市庁舎前の広場を出発したパトカーがスピーカーから大音量で呼びかけながら周辺を巡回する。有事に備えた広報訓練だ。地元警察によると、インターネットやテレビ、ラジオ放送が遮断された場合、この方法で安全情報を伝える計画という。地元メデ

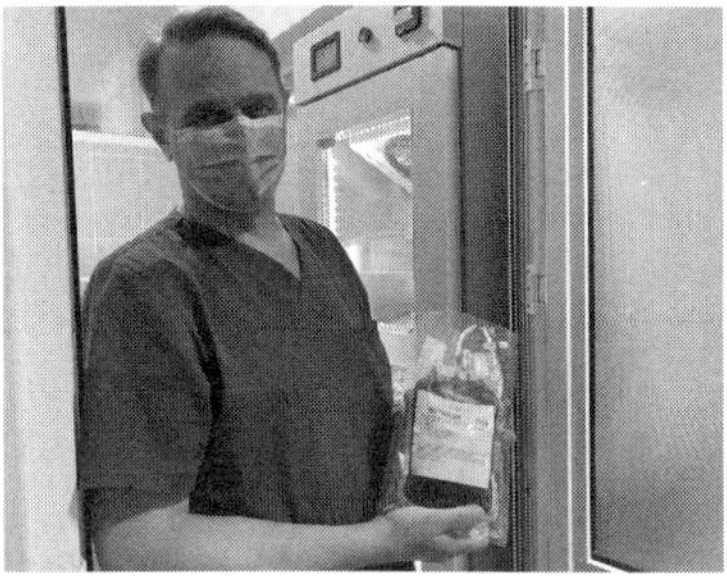

備蓄する血液製剤を示すユーリー・カベツキー医師（リビウ、2022年２月22日）

ィアをはじめ、ウクライナ入りしている日本メディア各社も取材に集まった。訓練開始前には顔見知りの記者同士で雑談する姿もあり、平日昼間の緩い空気が漂う。

午後はリビウ郊外の病院を取材する。欧州のおもむきが濃い旧市街からタクシーに乗って進むと、やがてソ連時代に建てられた灰色の共同住宅が建ち並ぶエリアに入った。この辺りの景色は、ドネツク市など東部の都市とも共通した雰囲気がある。やはり灰色で横長一〇階建てビルの拠点病院にたどり着いた。

この病院の血液センターでは近年、戦闘激化などの事態に備えて献血の受け入れ件数を増やしてきた。今年は設備と人員を強化し、二年前の約三倍となる八〇〇〇人のドナーを受け入れて輸血用血液製剤の備蓄を増量する計画という。院内では製剤のパックを収めたガラス張りの冷蔵庫を見せてもらった。

センターを率いるユーリー・カベツキー医師（五五）は専門の血液に関して一通り説明した後、「戦争は既に八年続いています。これまでにもドンバスでの戦闘で負傷した軍人たちを治療してきました」と話を続けた。彼がしゃべるのはウクライナ語だ。ビクトル助手に逐語通訳してもらう。

「リビウは極めて愛国的な土地柄です。一九三九年までこの地域にはソ連の侵略者はいなかった。そして、ウクライナ西部の占領が始まると、私の祖父たちは彼らと戦った。この記憶はしっかりと受け継がれている。ウクライナ人の歴史は何百年にもわたるロシアとの闘いなのです」。医師は言葉にぐっと力を込めた。

倉庫室では医薬品の備蓄状況を見せてもらった。種類ごとに未開封の段ボールが山積みされ、有事に備えていることが伝わる。こうした備蓄は軍事上の標的になりかねないため、病院名は報道しない約束となった。

✝市民の強い覚悟

旧市街へ戻って一般市民の取材を始めようとした矢先、氷雨がかなり激しく降ってきた。雨宿りがてら最寄りのラーメン店に入り、腹を満たす。近年、キーウにもリビウにも続々とラーメン店が誕生しており、日本人が食べても大満足するレベルの店もある。

店を出ると、雨は小降りになっていた。ロシアの動きで風雲は急を告げている。リビウ市民の声を聞いておきたいが、天気のせいか人影は少ない。濡れて白く光る石畳の道を歩きながら、取材に応じてくれそうな人を探す。開店準備中のバーをのぞくと、従業員の若者が暇そうだった。彼、アレクセイ（二〇）は「私はリビウ近郊の軍人一家に育ち、軍事訓練にも通っている。必要となれば前線へ向かうのみ。占領者に対抗するのにためらいはありません」ときっぱり口にした。

続いて、こぢんまりとした手芸の土産物店に入ってみる。伝統刺しゅうのシャツやネクタイ、テーブルクロスなどが華やかに並ぶ。「軍と国を信じています。私たちは祖国を誰にも渡さない」。店を切り盛りするイリーナ（五七）は強い口調で言う。「彼ら（ロシア人）が何を当てにしているのかは分からないけれど、ここでは抵抗に直面するでしょう。誰もが一センチ分の領土のためにも戦う。私はこの店で国内各地から来たお客さんと話をしています。キーウ、ハルキウ（ハリコフ）、ザポリージャ（ザポロジエ）の人たちも同じ気持ちですよ」

取材を終えて店を出ると、雨はやみ、雲の間に青空が見え隠れしている。夕方の旧市街は思い思いに歩く人たちでにわかに活気づいていた。

†開戦の朝

二月二四日の午前五時半前、リビウ旧市街のホテルでふと目が覚めた。窓の外はまだ暗く、静まり返っている。何の気なしに枕元のスマートフォンを開いてニュースを確認すると、首都キーウや第二の都市ハルキウで爆発音とある。一気に頭がさえる。

〈ロシアのプーチン大統領が特別軍事作戦を指示〉

〈NATO高官は「攻撃が始まった」との見方〉

ついに侵攻が始まってしまった。Xデーが来てしまった。心臓が冷たくなるような気持ちだ。キーウの国際空港付近で爆発音との報もある。ロシア軍は空港など重要施設の制圧作戦を始めているのだろう。二日前のプーチン演説には嫌な雰囲気を感じたが、こうもすぐに戦争を始めるとは思わなかった。ウクライナ東部から順に迫って来るのでは、と予想したのも甘かった。これは、米欧との外交交渉が続いている中での奇襲攻撃だ。

急いでシャワーを浴びて、スーツケースに荷物をまとめる。東京の上司と連絡をとり、速やかに退避することに決めた。核を含む強力な兵器を保有するロシアの全面侵攻が始まった以上、西部は安全という保証はない。助手に連絡を取り、ホテルに来てもらう。バスかタクシーで国境を目指そう。キーウから退避していたエフゲニーとアンジェリカの若い二人は一足早くバスでポーランドへ向かっているという。

荷造りと連絡で時間は過ぎてゆき、ロビーに下りると午前七時になっていた。チェックアウトの手続きを終えると、フロント係の若い女性は「志願して兵士になった友達がドンバスの前線にいます。私の家族も軍の招集を受けるかもしれません」と不安な思いを漏らした。誰もが未経験の事態だ。駆けつけてくれたビクトル助手と一緒に、午前九時発の高速バスのチケットを予約する。ところが、よく確認すると日付が今日のものではない。既に夜まで座席は埋まっている。スマートフォンのアプリで呼び出すタクシーも、応じる車は見当たらない。

窓を眺めていると、スーツケースを引いて先を急ぐ観光客らしき人々が通り過ぎていく。外の空気を吸って少し落ち着こう。石畳の通りに出て体を伸ばしていた午前七時四〇分過ぎ、「ウーー、ウーー」と重苦しい警報音が流れた。戦争の気配が街をのみ込んでいく。

†プーチン開戦演説

プーチンはこの日早朝、ウクライナ侵攻にあたっての背景と理由を内外に訴えるテレビ演説を流した。執務室でロシア国旗を背にし、ダークスーツに白のワイシャツ、鉄さび色のネクタイ姿。テレビカメラをにらみつけるような険しい表情で持論を展開する。演説は三〇分近くに及んだ。

〈NATOは我々の抗議と懸念にもかかわらず拡大し続け、ロシアのまさに国境に近づいています。なぜこうなっているのでしょう？　一九八〇年代後半、ソ連は弱体化し、その後に崩壊した。我々が自信を失ったのはほんの一瞬だったが、世界のパワー・バランスを崩すには十分だった。最初に、国連安保理の承認なしに(米欧の)血なまぐさい軍事作戦が(ユーゴスラビアの)ベオグラードに対して行われた。その後、イラク、リビア、シリアの番が来た。法的根拠のないイラク侵攻では大量破壊兵器の存在を口実にした。だが、イラクは化学兵器を持っていなかったことが後で判明した。その結果、人命の甚大な損失と破壊がなされ、テロは急増した。米国が自らの法と秩序をもたらした世界中のほとんどすべての場所で、癒えない傷と、国際テロリズムと過激主義の呪いが生み出されたようだ。

NATOを東方に一インチも拡大しないという約束について、彼らは私たちを欺きました。二一年一二月、私たちは、欧州の安全保障とNATO不拡大の原則について米国及びその同盟諸国と合意すべく試みた。その努力は無駄でした。私たちにとって重要な問題について、米国はロシアと合意する必要はないと考えている。軍事に関して言えば、今日のロシアは依然として最も強力な核保有国の一つです。いくつかの最先端兵器で一定の優位にある。潜在的な侵略者が我が国を攻撃した場合、彼らは間違いなく敗北に直面する。

NATOの東方拡大によってロシアの状況は年々悪化し、より危険になっています。黙って見ているわけにはいかない。問題は、我々の歴史的な土地であるロシア隣接地域に、敵対的な「反ロシア」が形成されていることだ。米国とその同盟諸国にとっては、それはロシア封じ込め政策であり、明らかな地政学的利益をもたらす。それは私たちの利益に対する非常に現実的な脅威であるだけでなく、我々の国家の存在と主権に対する脅威でもある。このレッドラインを彼らは越えた。これは、ドンバスの状況につながる。そこに住み、ロシアに希望を託した何百万もの人々の大虐殺を我々は止めなければならなかった。ドンバスの両人民共和国の独立を承認するという我々の決定の主な原動力は、彼らの願望、感情と痛みなのです。

NATO主要国は自らの目標に焦点を合わせ、ウクライナの極右民族主義者とネオナチを支援しています。彼らは間違いなく、ドンバス同様にクリミアでも戦争を引き起こし、大祖国戦争（第二次大戦）中にウクライナ民族主義者の懲罰部隊やヒトラーの共犯者がやったように罪のない市民を殺害しようと試みるだろう。ロシアとこれらの勢力との対決は時間の問題だ。

彼らは準備を整え、適時を待っている。核兵器取得を熱望するところまで達している。我々はそんなことはさせない。ロシアとその国民を守るために他に選択肢は残されていない。大胆かつ迅速な行動を取らなければならない。ドンバスの両人民共和国はロシアに助けを求めた。これに関連して、私は特別軍事作戦を実行することを決めた。

作戦の目的は、八年間にわたってキエフ政権による屈辱と大量虐殺に直面してきた人々を保護することです。この目的のため、我々はウクライナの非軍事化と非ナチ化を追求し、民間人に対する血なまぐさい罪を犯した人々を裁判にかける。私たちの計画はウクライナの領土を占領することではない。力ずくで誰かに何かを押し付けるつもりはない。流血の可能性に対するすべての責任は、ウクライナの現政権にある。

最終的には、ロシアの未来は、その多民族の人々の手の中にある。私たちの歴史において常にそうであったように。これは、定めた目標の達成を意味し、祖国の安全を確実に保証することを意味する〉(抄訳)

†糾弾のロジック

プーチンの演説には従来通りの主張と新たな理屈が混在していた。ソ連崩壊後の十数年間に唯一の超大国として米国が遂行した戦争の数々を言挙げし、その問題点を非難する。これは過去何度も繰り返してきた糾弾のロジックだ。無論、ロシアによるチェチェン紛争などは正当化した。新たな主張としては、NATOの東方拡大問題についてロシアが先に提示した案が一顧だにされなかったと訴え、米欧がウクライナのネオナチ勢力を支援していると決めつけた。

これらを基に脅威の切迫を強調し、ロシアとドンバスを守るためとして「特別軍事作戦」の実施をやむを得ず決断したという。やられる前にやる、という先制攻撃の論理立てである。目指すのはウクライナの「非軍事化」と「非ナチ化」というが、その具体的中身はあいまいだ。ただ、ゼレンスキー政権を主敵に据えていることは間違いない。政権とは区別する形で、ウクライナの国民に作戦への理解を求め、軍人には造反を呼びかける内容も演説に含まれていた。ロシアを害するのは「兄弟国を乗っ取ったネオナチ政権」という信念があるようだが、それは妄想と言うしかない。鬼気迫る表情と身ぶり手ぶりは、自らのロジックにのめり込んでいる様子を感じさせた。

プーチンが独自の論理によって侵攻を決断した真の理由は何か。以前からウクライナに執着し、自国の勢力圏に収めようと欲していたのは間違いない。それゆえ、ウクライナ側にミンスク合意の政治部分履行を強く迫っていたのだと理解できる。NATOの東方拡大だけが問題であったなら、ウクライナで続く紛争それ自体や、NATO内部にロシア寄りの国々が存在することで十分阻止できるからだ。

しかし、なぜ今、なぜ全面侵攻なのか？　海外の専門家やメディアはいくつかの説明を試みた。新型コロナウイルスの影響を指摘する見方がその一つだ。老年期に入ったプーチンは感染を極度に恐れ、二〇二〇年春の世界的大流行の発生から長く引きこもり生活を送った。側近らとも面会せず、「偉大なるロシア」復興の思想を深めたという説がある。また、二一年八月に米軍がアフガニスタンから全面撤退した影響を重く見る分析もある。〇一年の米中枢同時多発テロを受けて始めた二〇年戦争は幕を閉じ、旧支配勢力タリバンが即座に復権、米国の失敗を世界中が目撃した。バイデン米政権が見せた弱さをロシアは好機と捉えたのかもしれない。

†ウクライナ脱出

二月二四日朝のリビウに戻る。私は退避を決めたものの、移動手段がなかなか見つからない。外に出て大通りやホテル近くを歩き回るうちに、ようやくワンボックス車の大型タクシーが止まってくれた。事情を話すとポーランド国境まで行ってくれるという。約八〇キロの道のり。がっちりとした体格の運転手は片言の英語で「オレス」と名乗った。彼が帽子を持ち上げると、頭は剃りあげて頂部に一房だけ残したコサック伝統の髪型だ。
「私はコサックの末裔です。ドンバスの戦いにも義勇兵として参加した。自分は士官だから、あなたたちを国境へ送り届けたらまた戻る。ロシアの〝友達〟に報復しないといけないからね」

車窓から見るリビウ市街は、昨日までより灰色に見える。郊外のスーパーに立ち寄ると、さらなる非常時に備えて食料品や水を買い出す人たち、自動預け払い機で現金を引きだそうという人たちで混雑していた。ガソリンスタンドも給油の車列が長く続いている。この周辺にもロシア軍がいつ迫るか分からない。それでも、今はまだパニックとまでは感じない。市民は我慢強く待っていた。

リビウ郊外を出ると渋滞も一切なく、車はするすると進む。戦争が起きている国とは思えない、のどかな田園風景が広がる。畑、質素な家々、教会、犬の散歩をする女性。ラジオのニュースが「我が方は五機のロシア軍機を撃墜した」と伝えると、オレス運転手は軽く歓声を上げた。小さな町に入ると、やはり食料品店に人々が詰めかけていた。

車内に流れる軽快なジャズを聴きながら、頭の中で戦争をぼんやりと考える。一九四五年の夏、突如としてソ連軍が攻めてきた時の旧満洲や南樺太、千島にいた人たちの気持ちはどんなだったか。今回の侵略はロシアにとって高くつくだろう、高くつかせなければ似た事は他の場所でも起きるのではないだろうか。

国境地帯に近づくと、道路の両側には長い車列ができていた。自家用車で越境を目指す人々らしい。徒歩で越境する私たちのタクシーはそのままぐんぐん西へと進み、正午前にポーランドとの国境があるシェヒニに到着した。同行してくれたビクトル助手、オレス運転手とはここでお別れだ。オレスは言葉通り、戦場へ向かうのだろうか。「記念に」と地元産香草酒の小瓶を渡された。

国境のゲート前には、スーツケースや手提げバックを持った家族連れなど一〇〇人以上が立ち、越境の順番を待っている。私も最後尾に並んだ。列はどんどん長くなっていく。それでも、安全なNATO加盟国のポーランドまであと一歩という現実に、多くの人はほっとしている様子だ。持参した菓子を分け合うなど和気あいあいとした雰囲気もある。列がほとんど動かないのを利用して、周りの避難者にそれぞれの事情を聞いてみた。

東部ドニプロからリビウ経由でここまで逃れて来たリュドミラ（六三）は「戦争はもう八年続いている」と口を開いた。ドニプロは親露派が支配するドネツクまで約二〇〇キロと比較的近い。キーウにいるよりはずっと前線の雰囲気を感じながら暮らしてきたはずだ。ポーランド北部に暮らす息子から二〇日に「ママ、本格的な戦争になるから荷物をまとめて」と言われ、二三日に夜行列車で地元を出発した。翌朝、悪い予想が的中した。

やはりドニプロの両親を単身訪ねていたトルコ在住のカリーナ（二五）は「トルコはNATO加盟国だから安心。二歳の娘と夫が待つので早く帰らないと」と笑顔も見せた。一方、リビウから逃れたタチヤナ（四三）と息子イリヤ（一七）の母子は「とても怖かった」と言葉少なに語る。

やがて私たちもゲートを入り、ウクライナ側の出国審査を通過した。青空の下、フェンスの先でポーランド国旗とEU旗が風に揺れている。再びの行列で待ち、ポーランド側の入国審査を終えたのは午後四時過ぎだった。国境地帯の数百メートルが、NATOの集団防衛圏の内と外とを隔てている。こちら側の安心感を、多くのウクライナ国民が欲していた。穏やかな夕焼け空を眺めながら、私はポーランド東部ジェシュフに予約したホテルへタクシーで向かった。この戦争は簡単には終わらないだろうと感じながら。

†ゼレンスキーの演説

ポーランドへ退避した私は、ロシアの侵攻開始直前の二四日未明にウクライナのゼレンスキー大統領がSNS「テレグラム」の公式チャンネルへ投稿した一本の動画が注目されているのを知った。ロシア国民に対して「ロシア人は戦争を欲しているのだろうか?」とロシア語で問いかけ、プーチン大統領からの非難や決めつけに反論している。約九分間の動画では、スーツ姿のゼレンスキーが硬い表情で切々と訴える。ベテラン演者としての伝える力を発揮し、ウクライナ側の覚悟も示した。

〈今日、私はロシア大統領との電話協議を試みたが、結果は無反応だった。だから、私はすべてのロシア市民に向けて演説したい。皆さんに大統領としてではなく、一人のウクライナ市民として話しかけている。二〇〇〇キロ超の国境が私たちを隔てている。この国境に沿って、あなたたちの軍部隊が展開している。二〇万人近い兵士と数千の軍用車両だ。

あなたたちの指導者は兵士たちの前進を承認した。よその国の領土へ、だ。この一歩は欧州大陸での大規模戦争の開始になり得る。あらゆる挑発行為や火花がすべてを焼き尽くすかもしれない。

あなたたちは、この炎がウクライナ市民を解放すると言われている。だが、ウクライナ市民は元々自由だ。自らの過去を記憶し、未来を創造している。ロシアでの報道におけるそれと、現実のウクライナはまったく別物だ。私たちがナチズム信奉者であると（プーチン氏らが）言っている。だが、一体、ナチス・ドイツの打倒に八〇〇万以上の命をかけた（ウクライナの）市民たちがナチズムを支持するだろうか？　私がどうしたらナチズム信奉者でありえるというのだろうか？　私の祖父に言ってみてほしい。彼はソ連軍の歩兵部隊で（第二次大戦を）戦った。

私たちがロシア文化を憎んでいると言われている。どうやって文化を憎めるというのか？　隣人同士はいつもお互い、文化的に豊かにし合うものだ。私たちは異なる。だが、それは敵同士になるための理由にはならない。私たちは自らの手で自分たちの歴史を構築していきたい。平和に、穏やかに、誠実に。

私がドンバス地方への攻撃命令を出すと（ロシアでは）言われている。しかし、シンプルな質問がある。誰を狙い、何を空爆するというのか？　標的は（ドネツク州の親露派武装勢力が拠点都市とする）ドネツク市だというのだろうか？　私はあそこへは何十回も訪問している。（地元市民の）顔を、瞳を見つめてきた。ドンバス・アリーナでは、（一二年のサッカー）欧州選手権の際に地元市民と一緒にウクライナ代表チームを応援した。シェルバコフ公園では、代表チームが負けた時にみんなでやけ酒を飲んだものだ。標的は（ルハンシク州の親露派武装勢力が拠点都市とする）ルハンシク市だというのだろうか？　あそこには親友の母親が暮らし、その父親が葬られているというのに。

ロシアにいる人たちには、なじみのない話でしょう。これは私たちの祖国であり、歴史なのです。あなたたちは何のために、誰と戦うのですか？　あなたたちの多くはウクライナを訪れたことがあり、親族がいる。ウクライナの大学などで学び、ウクライナ人と友達になった人もいるでしょう。私たちが何を大切にしているかを知っているでしょう。自らの理性の声に耳を傾けてほしい。私たちの声を聞いてほしい。ウクライナの市民も政府も平和を望んでいる。（そのために）可能な限り行動している。

多くの国々がウクライナを支援している。なぜなら、私たちは平和や正義、国際法、自決権、安全確保の権利について話しているからだ。これらは国際社会にとっても、あなたたちにとっても重要だ。私たちは、戦争は不要だとよく分かっている。しかし、もし、私たちの国を、自由を、人生を、子どもたちの命を軍事攻撃で奪い取ろうと試みるなら、私たちは自衛する。あなたたちが攻撃をするとき見るのは、私たちの（逃げていく）背中ではなく（正面から向き合う）顔になるだろう。戦争は巨大な災厄であり、あらゆる意味において高くつく。最も重要なことは、人々が愛する誰かを、そして自分自身をも失うということだ。戦争においては常に多くのものが不足する。あり余っているのは痛み、流血、死だ。数千、数万の死だ。

あなたたちは「ウクライナがロシアにとって脅威である」と教えられている。そんなことは過去も現在も未来にもあり得ない。あなたたちはＮＡＴＯに対して安全の保障を求めているが、私たちも安全の保障を求めている。あなたたちロシアから、そして（九四年に結ばれた）「ブダペスト覚書」の他の当事国（英米）からも。現在、私たちはいかなる軍事同盟にも属していない。ウクライナの安全保障は近隣諸国にかかっている。従って、欧州全体の安全について話をしなければならない。しかし、私たちの主たる目的はウクライナにおける平和と国民の安全だ。そのために、あなたたちを含めて誰とでもどんな形式でも対話する用意がある。

戦争はあらゆる人々から安全の保障を奪う。それによって誰が一番犠牲になるだろう？人々だ。誰が最も戦争を望まないだろう？　人々だ。誰が戦争を止められるか？　人々だ。しかし、あなたたちの間にそのような人々はいるだろうか？　私は「いる」と確信している。

ロシアのテレビでは私の演説は放送されないと知っている。だが、ロシア市民はそれを見て真実を知る必要がある。真実とは、手遅れになる前に止めなければということだ。ロシア人は戦争を欲しているのだろうか？　その答えはあなたたち、ロシア市民だけに懸かっている〉（抄訳）

二一世紀の今、ロシアがウクライナへの侵攻を続けている。プーチン露大統領はウクライナのゼレンスキー政権に対し、「ナチズム信奉者」が「自国民を弾圧」し「隣国（ロシア）の安全保障を脅かしている」と憎しみを込めて非難する。プーチンは鏡に向かって叫んでいるのではないか。私にはそう思えてならなかった。

ロシアは、前身のソ連が第二次世界大戦で日独伊の「ファシスト（全体主義者）」を米英などとともに打ち負かしたと誇る。ロシアにおいて「ナチズム信奉者」とのレッテル貼りは最大限の敵視であり、侮辱と言える。だが、独裁的な全体主義国家に近づいているのはウクライナではなく、近年のロシアだ。政権批判を含む自由な政治・社会活動や報道を担う人々を「外国の手先」と決めつけ、反体制活動家らは牢獄へ閉じ込めた。テレビを中心に大半のメディアはプロパガンダ機関に堕している。こうした国内統制の強化は、今回の侵攻へ向けた下準備だったのかもしれない。ロシアは形式的には民主主義国家だが、国民の多くはプロパガンダにあおられ、また、政権に異議を唱える人々は弾圧される。だから、国民の力によってプーチン政権を止めるのは以前にも増して難しい。

ロシアはウクライナの現政権を武力で倒し、傀儡政権を据える狙いのようだ。二〇一四年から両国を巡る危機を取材してきた私は、何年も前から警告の数々を耳にしていた。プーチンの経済顧問だったアンドレイ・イラリオノフは一六年のインタビュー取材で「プーチンは長期戦略を持った政治家であり、ウクライナすべてを政治的にコントロールするのが最大の狙いだ」と指摘した。また、「欧州大陸での勢力圏分割について米欧側と交渉するのが狙い」と見るウクライナの識者もいた。こうした見方は正しかったようだが、現実は更に破滅的な方向へ進んでいる。これがプーチン政権の「終わりの始まり」になるのかは、まだ見通せない。

†緒戦の戦況

二月二四日、ロシア軍によるウクライナへの全面侵攻は首都キーウを含む各地へのミサイル攻撃や砲撃で火蓋が切られた。米国政府の分析では、侵攻までに国境周辺に集結したロシア軍部隊は一九万人規模にのぼるという。地上進撃は北、東、南の三方向からコの字形に迫る。北からはロシアと緊密なベラルーシを足場にしてキーウを狙う。東はロシア領とドンバスの親露派支配地域から、南は占領下のクリミア半島から攻め込んでいる。こうして人口の多い重要都市を巡る攻防の前線が同時に複数発生した。各地の空軍基地はミサイルで一斉攻撃を受けた。

キーウ郊外の空港付近にはロシア軍空挺部隊が降下した。首都制圧はもちろん、ゼレンスキー大統領の殺害または拘束も目指している模様だ。ウクライナの現政権を反露のネオナチと決めつけた以上、武力による政権打倒が目標の一つであることはまず間違いない。その先にあるのは、プーチン政権に都合の良い親露派政権の擁立だろう。

米国の軍事情報サイト「グローバル・ファイアパワー」で両国の軍事力を比較すると、人口が三倍強のロシアの総兵力は約八五万人（ほか準軍事組織に約二五万人）で、ウクライナの約二〇万人（同約五万人）に大きく差をつける。装備面でもロシア側が圧倒している。地上軍ではロシアが約一万二四〇〇両の戦車を持つのに対し、ウクライナは約二六〇〇両。空軍ではロシアが軍用機約四二〇〇機（うち戦闘機は七七二機）を持つのに対し、ウクライナは約三〇〇機（同六九機）。海軍ではロシアが一五隻持つ駆逐艦をウクライナは持っていない。さらにロシアには核兵器や資源エネルギーによる財力もあり、ウクライナ側の劣勢は明らかだ。ゼレンスキー政権は国民総動員令を発し、兵力確保のために一八〜六〇歳の男性市民の出国を原則禁止する措置を取った。

ロシア軍は侵攻初日にキーウの北約一〇〇キロに位置するチョルノービリ（チェルノブイリ）原発を占拠し、翌二五日にはキーウ郊外に迫った。ゼレンスキーはこの日、ロシアが求める自国の「中立化」について交渉も辞さないと呼びかけたが、ロシア側は「交渉はウクライナ軍が抵抗をやめたときだ」（ラブロフ外相）とはねつけ、全面降伏を求める姿勢だ。ゼレンスキーは首都から避難せず、ＳＮＳでの頻繁な発信で国民に抗戦を呼びかけた。二八日にはベラルーシ南東部でロシア・ウクライナ両国の代表団による停戦協議が開かれたが、立場の違いが大きく物別れに終わった。

†短期決戦のシナリオ破綻

侵攻から七日間で国外避難民は早くも一〇〇万人を超えた。三月に入って見えてきたのは、ロシア軍が想定していたらしい短期決戦シナリオの破綻だ。キーウ近郊のほか、北東部ハルキウや南東部マリウポリが激戦地となったが、ロシア側は補給や部隊間の連携、士気の面で問題を抱えている。粘り強く抵抗するウクライナ側は、米欧に供与された対戦車ミサイルでの待ち伏せ攻撃などを展開した。こうした中、プーチン側近のペスコフ大統領報道官は「ロシアの存立に関わる脅威があった場合には（核兵器の使用は）ありえる」とインタビューで言及し、ウクライナと米欧を強く牽制した。三月下旬、ロシア軍に包囲された四〇万人都市マリウポリは激しい空爆や砲撃による猛攻で街を破壊され、水や食料の不足で人道危機に直面した。

三月二九日、両国代表団はトルコのイスタンブールで四回目の停戦協議を開く。ウクライナ側は和平へ向けて、「中立化」のためNATO加盟を断念し、代わりに国連常任理事五カ国（米英仏露中）とドイツなどによる新たな多国間枠組みでウクライナの安全を保障、クリミア半島の領有権は今後一五年間の交渉で解決――といった譲歩案を提示した。一歩前進ではあるが、強硬な態度のロシア側がこれらの提案を受け入れる可能性は低いのが現実だ。

ロシア国防省はこの停戦協議の後、首都キーウ周辺などでの軍事行動を従来の数分の一に削減すると発表した。「信頼醸成措置」と主張したが、実際には戦線の膠着を受けて作戦を変更したとの見方が強い。数日前には軍高官が「ドンバス解放に集中する」と表明していた。三月末以降、キーウ近郊を占拠していたロシア軍の撤収が確認され、ウクライナ政府は四月二日にこの地域の奪還を発表する。それと同時に、ブチャなど各地で多数の遺体が路上や建物内で見つかり、ロシア兵が住民を無差別に殺害した疑いが浮上した。ロシア政府は「捏造だ」と主張したが、主要七カ国（G7）は「大虐殺」と強く非難する共同声明を発表。以降、停戦協議は暗礁に乗り上げる。G7などは対露経済制裁を強化した。

四月下旬、ロシア軍は東部ドンバス方面での攻勢を本格化する。南東部の要衝マリウポリではロシア側の市内制圧が進み、残存するウクライナの軍部隊は避難民と共にアゾフスターリ製鉄所の巨大地下壕に立て籠もった。同じころ、南部ヘルソン州では全域がロシア軍に占領された。一方、侵攻開始二カ月を経て、ロシア国内ではプーチン大統領の支持率の上昇が確認された。独立系「レバダセンター」を含む各種世論調査機関の調査で支持率は八割に上り、ウクライナでのロシア軍の活動についても八割が賛成の立場を示している。ロシア・メディアは米欧の制裁により社会の団結が進んでいるといった見方を報じた。

英公共放送ＢＢＣによる首都キーウ周辺戦況地図

BBC Research/institute for the Study of War（21:00GMT, 13, March）
（https://www.bbc.com/news/world-europe-60745493）

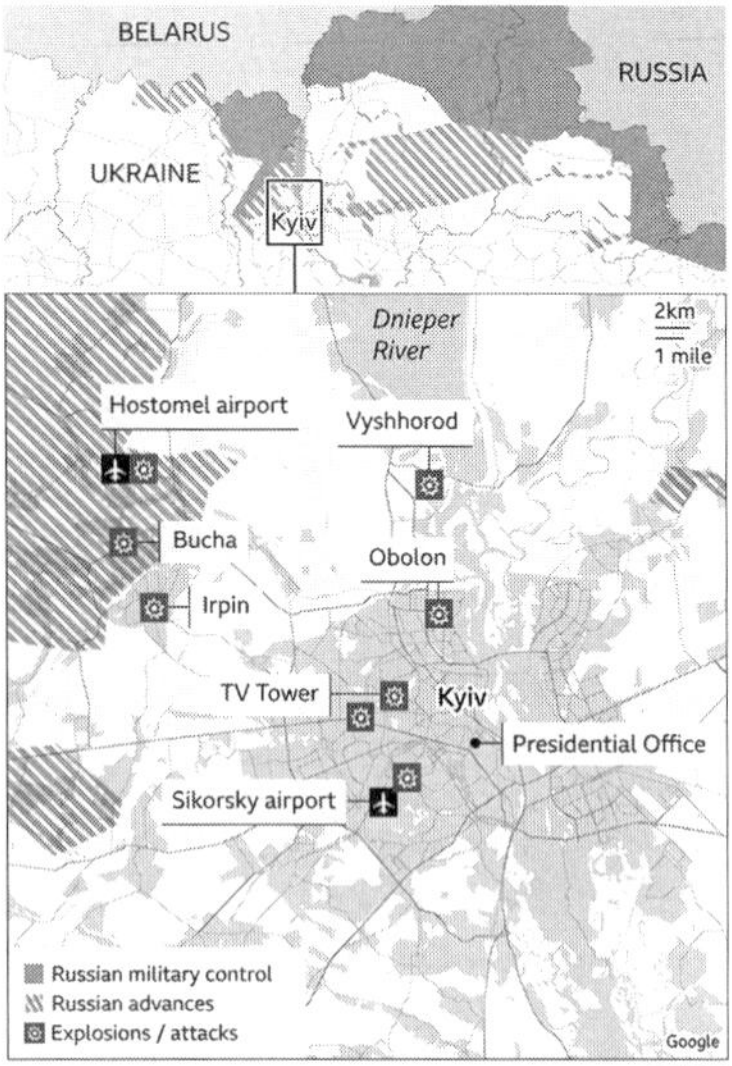

【2022年３月13日】侵攻開始18日目。北のベラルーシ側からキーウへ向けて侵攻してきたロシア軍部隊はブチャなど近郊の市町村を制圧。チョルノービリ（チェルノブイリ）原発やホストメリのアントノフ国際空港も占拠した。対するウクライナ軍は首都防衛に注力し、中心部から北西約20キロのイルピン付近が最前線となった。市内ではテレビ塔や北のオボロン地区が攻撃を受けた。ロシア軍は北東側からも侵攻している。その後、戦線は膠着し、ロシア軍は３月末ごろ撤退。ウクライナ政府は４月２日、この地域の奪還を発表した。

第三章

侵略と虐殺

†キーウへ、再び

ロシアの侵攻開始から二カ月余りを経た四月末、私は再びウクライナに入ることになった。戦時下の取材へ向けて、情報収集とリスク判断、準備作業にかなり時間を要した。また、新型コロナウイルスの感染リスクを考慮し、三回目のワク

戦争犠牲者の写真と造花を飾った街頭の追悼コーナー
（リビウ、2022年４月30日）

チン接種を日本への一時帰国時に済ませておいた。向こうへ行けば、コロナを意識するような空気は残っていない。

戦禍が続くウクライナで取材するには、いくつか決まりがある。あらかじめ国防省に記者登録し、プレスカードを発行してもらうこと。防弾ベストとヘルメットを持参すること。カイロに駐在する私の場合、後者の規定がネックとなった。二〇一一年に中東各国で起きた民主化要求運動「アラブの春」からの流れで、イスラム過激派などを警戒するエジプト政府は防弾装備の持ち込みと持ち出しを禁じている。最終的に同僚の三木幸治エルサレム特派員が一緒に出張することに決まり、彼に重い装備三セットをイスラエルから持ってきてもらう。

カイロからドイツ・フランクフルト経由でポーランド南部の歴史都市クラクフまで飛ぶ。この街の中央駅でスーツケース三個を携えた三木記者と合流した。ここからポーランド東部ジェシュフへ鉄道で向かうが、車内はウクライナ人で混雑していた。戦争の長期化と戦況の変化を受けて、欧州の避難先から家へ帰ろうという避難民の逆流現象が生じている。私たちはジェシュフで一泊後、タクシーで国境へ向かい、最後は徒歩でウクライナに入った。二月に脱出した時とは、ちょうど逆のルートだ。

入国審査を終えて外へ出ると、ビクトル助手と運転手のエフゲニーが笑顔で迎えてくれた。西部の拠点都市リビウではもう一人のオレフ助手も合流し、総勢五人の取材班となった。まず目指すのは首都キーウだ。

†侵攻の痕跡

ぽちゃん、ぽちゃん――。携行タンク五、六個に詰めたガソリンがミニバンの揺れに合わせて波打ち、小さく音を立てる。揮発油ならではの刺激臭もほのかに漂う。ウクライナ入り翌日の五月一日午前九時過ぎ、リビウから直線で五〇〇キロほど離れたキーウを車で目指す。東京―大阪間と同じくらいの距離だ。戦時下のウクライナではこの時期、戦略物資であるガソリンの給油量が大幅に制限された。車での長距離移動の際には、事前に確保したガソリンを積み込むしかない。交通事故などによる炎上の危険性は否めず、やや憂いの伴うドライブとなった。

暗い気持ちはもちろん、この先に予定する戦争取材にも起因している。破壊と殺戮の現場へ行かねばならない。

片側一車線の幹線道路を時速一〇〇キロ超で飛ばす。検問陣地がときどき現れるほかは、新緑の林や田園が広がって北国の遅い春の景色だ。広大な畑が緑の絨毯のように見えるのは小麦の新芽だろうか。この国は世界有数の穀物の生産地だ。ガソリンスタンドのカフェで休憩中、軍用ヘリの飛ぶ音を聞いた。ふらりと外に出て風景写真を撮っていると、スタンド従業員の男性が険しい表情で「写真を見せろ」と迫ってくる。説明をしたら事なきを得たが、スパイではないかと疑ったらしい。やはり、ここは戦時下だ。

午後三時ごろ、キーウ近郊までやって来た。灰色の雲の下、戦闘で破壊された橋や建物が点在している。車窓から沿道を見ると、焼け焦げた戦車を撮影する人たちもいる。キーウに迫ったロシア軍の侵攻の痕跡は目に見える形だ。

やがて遠くにキーウのテレビ塔が見え、幹線道路は通行止めになった。迂回して近郊のイルピン市に入ると、高層住宅群に砲撃の穴が複数残っている。午後四時過ぎ、ようやくキーウ中心部のホテルに到着した。

夕方、キーウの街中へ出ると、二月の開戦前に比べて人影も交通量も目に見えて少ない。ふと、一四年に紛争取材で訪ねた東部ドネツク市の様子を思い出した。大勢の市民が避難してがらんとした大都市はいかにも寂しい。それでも、ここキーウでは路上のテーブルで酒を飲む若者グループや、電動キックボードで移動するカップルの姿を見かけた。街角の花売りや弾き語りのミュージシャンも健在だ。ドニプロ河畔には景色を楽しむ市民もいる。国が戦時下にあっても、人々の日常生活は続く。

リビウ出身で名門キーウ大を卒業した若いオレフ助手の案内で中心部を歩いた。石像や

ロシア軍の地上侵攻に備えて、大型の鉄製バリケードが置かれた独立広場
（キーウ、2022年５月１日）

銅像は周りに白い土のうが積まれて完全に隠れてしまい、まるで現代アートのようだ。ロシア兵が侵入してきた場合に道に迷うよう、案内表示板の数々は塗りつぶされたままになっている。ツム百貨店もマクドナルドも閉まっていて、キーウはまだ息を潜めているようだ。独立広場付近にも物々しい鉄製バリケードが置かれ、戦闘服姿の軍人たちが警戒している。二月に見た、ウクライナ人とロシア人の民族友好の像は荒々しく撤去されていた。現在、キーウでの夜間外出禁止は午後一〇時から午前五時まで。夜九時半を過ぎると人影は絶え、店舗はすべて閉まった。

†虐殺の街ブチャ

キーウ到着翌日の五月二日朝、私たち五人の取材班は北西に位置するブチャへ車で向かった。人口約三万七〇〇〇人のブチャはキーウ中心部から二五キロ程と近い。そのため、ロシア軍は二月二四日の侵攻開始直後に制圧し、首都攻略の拠点にしようとした。ウクライナ軍の防戦で戦況は膠着し、結局、ロシア軍は四月初めまでに首都近郊から撤退するが、その直後にブチャなどで多数の遺体が発見された。ロシア軍による虐殺の疑いが濃厚だが、ロシア政府は得意の全否定で押し通している。例えば、ネベンジャ国連大使は四月四日の記者会見で「(ブチャが)ロシア軍の支配下にあった間、住民は一人として暴力行為の被害に遭っていない」と主張した。

青空が広がる快晴で外気温は一五度、月曜だが人通りが少ないので街は静かだ。キーウ市の外れで検問を通過し、まずはイルピンに入る。戸建が並ぶ住宅街を抜けると、やがて戦闘で破壊された建物が目立つようになってきた。小一時間でたどり着いたブチャは、緑豊かな郊外のベッドタウンといった雰囲気だ。裕福そうな一軒家が並ぶ地区もあれば、ソ連時代の集合住宅が残るエリアもある。まずは市の中心部を目指す。役所近くの病院の敷地に遺体安置所があると聞いていた。

病院をまず見つけ、疎林のような敷地を歩くとレンガ造りの小さな建物と大型の冷蔵トレーラーが目に入った。ここが遺体安置所だ。外にもストレッチャーが数台置かれ、黒や白のビニールでくるまれた遺体がそれぞれ横たえられ、隣に棺桶も並んでいる。近くの仮設テントに人影がある。親族による遺体の身元確認を受け付けているらしい。テント内の係員女性に話を聞こうとした、その時だ。「あーー」という悲痛な絶叫が響いた。初老の女性が木にすがりついて号泣している。周りの女性たちが寄り添うが、叫び声は続いた。とても事情を聴ける様子ではない。

ロシア軍の撤退から一カ月が過ぎても、遺族にとっては何も終わっていないのだと直感した。この取材は容易ではないかもしれない。私たちは二手に分かれることに決めた。三木記者とオレフ助手はこの場に残り、私とビクトル助手、エフゲニー運転手の三人は病院へ向かう。夫を殺害された看護師がいるという情報を得ていたからだ。

†ブチャの外科医

院内の職員に取材希望を伝えると、その看護師は非番だった。代わりに医師の一人が対応するという。青色の手術着姿の外科医、ミコラ・クレスチャノフ（五四）が私たちを自身の執務室へいざなった。頭は白髪交じりで、温和な雰囲気。彼が座る机の後ろには、宿直用のベッドも置いてある。医師としての職歴は三〇年に及び、この病院では一一年働く。早速、インタビューを始める。

――ロシア軍占領下のブチャで病院はどのような状況に？

「侵攻が始まった二月二四日から三月一一日まで、二四時間休みなく負傷した民間人や兵士を治療しました。医師や看護師は病院に泊まり込んだのです。戦争の最初の数時間で停電になり、発電機を稼働させた。院長と事務局が手を尽くし、街の工場などから燃料や水を迅速に入手しました」

ブチャの病院の外科医、ミコラ・クレスチャノフ（ブチャ、2022年5月2日）

――二月二四日の侵攻直後は？

「その日の昼過ぎ、近くのホストメリから大勢の負傷者が搬送されてきました。向こうでは激しい攻撃が始まっていたからです。それ以来、私たちは占領中ずっと院内におり、患者の傷だけを見ていました。ロケット砲やヘリコプター、飛行機による攻撃で壁や窓が揺れることがよくありましたが、目の前の手術に集中していたのです。

ロシア兵は二回、病院に入ってきました。最初は単なる確認のためで、二回目には武器がないかと探していた。院内の部屋の扉がいくつか壊されました。ここへは負傷したウクライナ軍人も搬送されていましたが、ボランティアが平服を調達してロシア側に気づかれないよう着替えさせました。もしロシア兵が気づいたら、殺されていたでしょう。

一方、ロシア軍人が治療を求めに来たこともありました。医者は義務としてあらゆる人を助けなければならない。私たちは彼らも治療し、他の患者とは別の部屋に隔離しました」

ベテラン医師は、ふうっとため息をもらした。ブチャでの民間人殺害については何を知っているのだろう。

「街に多くの負傷者、死者がいることは知っていました。しかし、ロシア兵は通りから遺体を回収することを禁じていた。ブチャの各地区は異なる部隊によって支配され、検問ごとに別々のルールが適用された。情報はほとんどなく、私たちは外で何が起こっているかよく分かっていませんでした。

病院の遺体安置所には多くの民間人の遺体が集められたが、やがてスペースがなくなります。そのため、教会の周囲に死者の一部を埋めなければならなかった。虐殺の実際の規模について知ったのは避難した後です。

三月一一日に赤十字のスタッフが到着し、キーウへ安全に避難できる「人道回廊」が開かれた。ロシア軍の検問二カ所を通過して患者全員を避難させ、自分たちも最後に避難しました。占領下での医療活動が困難になっていたからです。キーウにはさらに多くの負傷者がおり、私たちは別の病院で仕事を続けました」

クレスチャノフはここまで一気に話してから、こう付け加えた。「紛争地帯で戦闘行動が行われるとき、そこには軍人だけがいるべきだと私は思います。民間人は避難しなければなりません。さもなければ、彼らは自らを危険にさらし、軍の仕事を妨げてしまいます」。侵攻を予想した事前避難は困難だったはずだが、命を救う医師としての強烈な悔しさがあるのだろう。

――ロシア軍の侵攻に対してどう思う？

「一般市民、女性や子供、高齢者を攻撃するロシア軍は、ならず者や略奪者の集団だと思います。普通の軍なら将校が略奪や強盗を許可しません。彼らにとって悪事は当たり前。酒浸り、虐待、暴行、強姦はロシア社会の規範であり、断面図です。ブチャは全世界がそれを目の当たりにした初めての土地なのです。

今でも葬式が毎日行われ、新しい殺害遺体が運ばれてくる。病院の遺体安置所はキーウ州で唯一稼働しており、州内各地の死者がここへ搬送されます。遺体用の冷蔵トレーラーが三台あっても足りない。同僚である看護師の夫も殺されました。安置所の遺体を巡っては未確認の事件が多数あります」

医師の表情は険しくなり、時折顔をゆがめた。

——プーチン政権に関しては？

「これまでシリア、ジョージア、ウクライナで彼があらゆることをしても、文明国の指導者たちは彼の血まみれの手を握ってきました。握手で彼を免責し、新しい犯罪をそそのかす。私は世界に質問をしたい。どうしてそんなに鈍感でいられるのでしょうか？　なぜ止められないのでしょう？　なぜ価値観を無視して金銭を選ぶのでしょう？

今、ウクライナ人は共通の価値観のために戦っています。戦争が始まったとき、誰もが自分の場所に残り、各段階で自分の仕事をしました。私たちは自らの歴史と未来、そして自由のために立ち上がる。ウクライナ人は過去に何度も殺され、自由への欲求を踏みにじられました。けれど、この欲求は繰り返し芽生えました。あなたがもし自由をパンと交換してしまったら、明日にはパンも奪われます。これは非常に重要なことです」

大勢の人々が殺された街の医師として、クレスチャノフは思いの丈を一息に吐露したようだった。インタビューが終わると柔和な表情を取り戻し、手術室を案内してくれた。

「日本メーカー製の新しい機器を使っているんです」と胸を張って、少し笑顔も見せた。

私たちは、看護師の取材は「明日の正午に」と約束を取り付けた。病院を後にして近くの市役所をのぞいてみたが、ロビーは混み合っている。避難先から戻ってきた市民の各種手続きが殺到しているらしい。私たちは中心部から少し離れたブチャの墓地へと車で向かった。

†墓地の遺族たち

移動の途中、大破して焼け焦げた商業施設が並ぶ地区を見かけた。ブチャ市内の建物被害はまだら模様という印象だ。それに対して、報じられている人的犠牲の規模は不釣り合いに大きい。この街へ来たからには、市民の証言に耳を傾けたい。そう考えているうちに、街はずれの共同墓地にたどり着いた。敷地は奥行きが深く、入り口の駐車場はがらんとしている。公園のような緑の中に黒い石材の墓が密集しているのは日本の霊園にも似ている。だが、歩いて進むと、園内の通用道に面した細長い場所に土まんじゅうが次々と現れる。十字架が立てられ、遺影や造花が添えてある。明らかに最近埋葬されたばかりの墓だ。

そんな一角に、墓掘り人の埋葬作業を見守る男女数人の姿があった。声をかけると、やはりロシア軍の占領期間中に家族を亡くしたということだ。喪主のタチヤナ（五七）は「八六歳の老父を失った」と明かした。

ロシア軍の侵攻によって大破した住宅（ブチャ、2022年5月2日）

「私の父は〝戦争の子供〟でした。一九三五年生まれで第二次大戦を記憶していた。一〇年前に脳卒中で倒れ、五年前には脳梗塞を起こしました。けれど、治療のお陰で服薬しながら普通に生活でき、この戦争さえ無ければさらに長生きしたはずです。この街で起きたすべてのことはロシア人に責任があります。ブチャが占領され、電気と水道の供給が途絶える中で父は亡くなりました。寒さと脱水による死でした」

二月下旬のウクライナは外気温が零下となる。暖房が止まれば、室内であっても高齢者には危険だ。

「二月二六日にはロシア軍が街に入っていました。そして、水も電気もガスも通信も途絶した。三月六日、ロシア兵が私の家にもやって来て窓を壊した。中に入れたくなかったけれど、ドアを開けざるを得なかった。彼らは室内を調べ回り、私たちの携帯電話からＳＩＭカードを抜いて壊しました。彼らは毎日、装甲車で家の近所に乗り付け、通りを監視していました。夜には市内の工場に戻っていたようです。

私たちは家から外に出ないよう言われ、おそらく、それを守ったために生き残った。昨日、友人を葬りました。彼はブチャ中心部のアパートへの砲撃で亡くなった。先週は親しい知人のオレグを葬りました。彼は車で街を脱出しようと試み、射殺されました。ロシア人は迷うこともなく、市民が乗った二台の車を撃ったのです」

タチヤナの話からは、「占領下の住民の勝手な動きは許さない」というロシア兵の強硬な姿勢が浮かび上がる。キーウ近郊では避難民の帰還が進むのと平行して多数の遺体が発見されており、検視や身元確認の後に遺族へ引き渡される。だからロシア軍の撤退から一カ月を経た今でも埋葬が続いているのだ。しかし、ロシア政府はブチャで起きたことは「ウクライナ側の仕業だ」と言う。彼女はどう思うか。

「すべてロシア軍がやったことです」。タチヤナは即座に反論した。「二月二六日には彼らはブチャ南部のガラス工場地区にいて、三月六日に私たちの家にもやってきた。あれはみんなロシア人でした。三月一一日に私たちが人道回廊を車で脱出することになったとき、市内の至るところにロシア軍の装甲車と戦車がとまっていました。ロシア兵は市民を解放したくない様子に見えた。彼らが撃ってくるかもしれないと思い、とても怖かった。しかし、どうやら彼らは命令を受けて、私たちを解放したようでした」

脱出は二カ月近く前の出来事だが、命拾いした彼女の記憶には鮮明に焼き付いている。

同じ埋葬の場に参列していたセルゲイ（六二）は言葉少なかった。

「多くの人が撃たれ、自殺した人もいます……。通りで亡くなった人たちを運ぶこともできなかった。何週間も水をくみに出ることさえ許されなかった。市民が自分の判断で水を求めて外へ出た場合、狙撃兵は脚を撃ちました。近所では三人の青年が通りで射殺されたが、遺体を回収することは許されなかった。奴らは人間ではなく、けだものだ。ここに並ぶ墓の中には、老いも若きも私の友人、知人がたくさんいます。多くの人は防空壕や高層住宅の地下室で死にました。彼らは何日も外に出るのを許可されませんでした……」

二人の話からすると、ロシア兵による直接の殺害のほかに、水や食料の不足と寒さによって衰弱死した市民は少なくないようだ。高齢者や病気を抱える人、障害者などの弱者にとってはあまりに厳しい状況だった。

三男をロシア兵に射殺されたマリヤ・コノワロワ（ブチャ、2022年5月2日）

†ロシア兵よけの遺体

晴れ渡った五月空、そよ風が心地よい。だが、目の前には非業の死の証しとも言える真新しい墓が並んでいる。サッカー場のように広々とした墓地をさらに奥へと進むと、全身黒ずくめの高齢女性が鉄柵にもたれて、ぽつんと立っているのが見えた。白髪頭に黒のスカーフを巻き、黒のコートとブラウス、ズボンを身にまとっている。手には古びた合皮のボストンバッグと白ビニールの買い物袋。助手のビクトルと一緒に近づき挨拶すると、取材に応じてくれるようだ。

彼女、マリヤ・コノワロワ（七四）は四一歳で死去した息子の遺体を埋葬するため、搬送を待っているところだという。「息子さんはなぜ亡くなったのですか？」。こう尋ねると、年老いた母親は声を震わせ、いきさつを話し始めた。

「私は三人の息子と一緒にブチャで暮らしており、そのうちの三男ドミトリーを射殺されました。あの子は普通の市民でした。地域防衛隊に参加しようとしていましたが、手続きが間に合わなかった」

――銃殺の状況は？

「彼は、私たちの家の地下室に作業場を設けて、お客さんが持ち込むテレビ、電子レンジ、自転車などを修理していました。街への攻撃が激しくなり、多くの人たちが避難しようと逃げ惑いました。しかし、南隣のイルピンへつながる橋が砲撃され、もう脱出は間に合わなかった。

ドミトリーの地下室へ二人の女性が子供三人を連れて逃げてきました。続けて、さらに多くの人々が隠れ場所を求めてやって来たのです。ドミトリーは家に走り込んで言いました。「お母さん、たくさんの子供たちがいて彼らには寝る場所がない。かくまってあげなきゃいけない。みんなが地下室に泊まりたいと言うから、僕は毛布や折りたたみ式ベッドなんかを持っていくよ」。彼はそれらを地下室に運び込んでしつらえ、みんなのためにお茶を入れました。私も焼き菓子をこしらえてあげました」

悲しみを強くにじませた老母のウクライナ語を、助手のビクトルが英語に逐語通訳して私に伝える。

「翌日、あの子はタバコを吸いに地下室から外へ出ようとしました。そして、地下室の階段を上がったところを外から銃で撃たれたのです。直前にすぐ後ろにいた少年が「ディーマ、戻ろう。自動小銃を持った人たちが来ているよ」と声をかけました。けれど、彼は「誰かから走って逃げたことなんて僕は一度もない。今だって逃げないさ」と答えたそうです。彼ら（ロシア兵）がその言葉を聞いて撃ったのかどうか、私にはなぜ撃たれたのか分かりません。あの子の肩と顎は引き裂かれ、心臓にも外傷があった。こうして、何の理由もなく銃殺されたのです」

周囲から「ディーマ」の呼び名で親しまれた彼はこうして亡くなった。問答無用の殺害だったという。

――撃たれたのはいつ？

「三月四日に撃たれました。近所の人はディーマが二人から撃たれているのを目撃したそうです。地下に隠れていた住民たちはパニックになり、女性一人が軽いけがをしました。それから、あの子は数日の間、階段に横たわったままになりました。私は服を着替えさせて、家の中へ連れて行きたかった。けれど、地下室にいたみんなが泣き叫び、連れ去らないでと頼んできたのです。彼は生きているときに自分たちを守ってくれた、亡くなった今も守ってくれているのだからと。遺体がここに横たわっているのを見ると、誰も地下室に入ってこないというのです」

遺体を「ロシア兵よけ」にしてでも身を守ろうというのは、どれだけ追い詰められた状況だったことだろう。しかし、母親にとっては残酷な要求だった。

「ドミトリーはそこに五日間いました。やがて遺体が湿り始めたので、三月九日に埋葬することに決めた。街は占領されていたので、私たちはロシア軍の司令部に行き、家の敷地で遺体を埋めている間は私たちを撃たないように頼みました。ロシア軍は護衛に自動小銃を持った三人の兵士を割り当てました。兵士たちはただ立って、私と上の息子たちが埋葬する様子を見守っていました。それから五日後、赤十字が到着し、彼の遺体を掘り起こして（検視などのために）キーウへ運んでいきました。そして今、私はあの子が搬送されてくるのを待っています……」

老母は涙声で殺害とその後のいきさつを語った。亡くなったドミトリーはどんな人生を送ってきたのだろうか。白い雲がぽつりぽつりと浮かぶ青空の下、話は続いた。

「私の夫は既に亡く、この墓地に埋葬されています。上の二人の息子は無事です。どちらも離婚経験者で、私と一緒に住んでいます。息子たちは元妻と連絡を取り、子供たちとも交流があります。末っ子のディーマは離婚した兄たちのことを見て、結婚願望をなくしていました。一緒に暮らすことはありません。現在、孫が三人キーウにいます。しかし、一緒に暮らすことはありません。現在、孫が三人キーウにいます。

あの子は専門学校を卒業後、ブチャでソフホーズ（国営農場）の会計士として働きました。しかし、自分には向いていないと気づいて退職し、電気技師である父親と一緒に働くことに。ディーマは父親を尊敬し、仲が良かった。私の夫は教養があり、歴史に詳しかったのです。

夫の身分証の民族種別には「ロシア人」と書かれていましたが、彼は家族のルーツをよく知っていました。父方は帝政時代にブルガリアから移住してきた一族で、母方はポーランド系だった。だから、夫は「私はロシア人ではない。ロシア人になりたくない。私は故郷のない男だ」と言っていました。彼はロシア人の本質を知っていて、それとは何の関係も持ちたくありませんでした」

統計では「ロシア系」と分類される一家であっても、複雑なルーツということは大いにあり得る。そして、その考え方も親露から反露まで多彩であって、ひとくくりにはとてもできない。このことには留意が必要だ。

「ディーマは父親と一緒に働き、高圧送電線を保守点検する仕事を一三年続けました。父親の死後、彼は少し引きこもりがちになりましたが、すぐに作業場に戻り、家電などを修理して人々を助けていました。今でも街を歩いていると、知らない人が私に近づいてきて、このような息子について感謝されます。彼は誰かに助けを求められると拒めない性格でした」

母親の話からは、地域社会で自分の役割をきっちりと果たしていた一市民の姿が浮かび上がる。その彼が理由もなくロシア軍に殺された。

――ロシアの侵攻についてどう思う？

「子供がまだ二人だけで彼らが低学年だったころ、毎年私たちは家族みんなでロシアのクイビシェフ（ボルガ河畔にある現サマラ）を訪れていました。そこでは、息子らと同年代の子供たちが「バンデラたちがやって来た！　ハホールがやって来た！」と言ってくるのです。彼らが当時どのような教育を受けていたか想像してみてください。それを教えたのは親ではなく、学校でした」

ソ連時代の苦い思い出が語られた。バンデラとは、ウクライナの民族主義指導者として反ソ闘争を率いたステパン・バンデラのことだ。「ハホール」は鳥の冠毛やトサカを意味するが、転じてウクライナ人をふざけて呼ぶ言い方でもある。コサックが頭をそり上げて一房だけ髪を残した伝統を蔑視した呼び名と見てよいだろう。彼女はロシア人の差別的な振る舞いをはっきりと記憶している。

「私の孫たちはチュメニ（西シベリア）やエカテリンブルク（ウラル山脈東麓）、サマラにいるロシアの親戚と頻繁に連絡を取り合っていました。けれど、向こうの親戚はロシア軍のウクライナでの行為を「素晴らしい」と支持しています。孫たちはもう電話をかけるのをやめ、彼らとのコミュニケーションを断絶しました」

立ち話で取材を続けていても、ディーマの遺体は一向に届かない。近くでは墓掘りの男性たちが一服している。その横には、四角く掘って埋葬を待つばかりの墓穴が並ぶ。私は最後の質問を投げかけた。「プーチン氏についてどう思いますか？　彼に望むことは？」

喪服の母親は目を赤くし、口を開いた。「ここにいくつ墓があるか見てください。どれだけの悲しみがあるか想像してください。彼は世界中でこれまで何人を殺しているのでしょう。私はプーチンに自身の子供たちを埋葬してみてもらいたい。そうすれば、彼がウクライナだけでなく、世界中の人々にどれほどの悲しみをもたらしているのか理解するかもしれません」

取材に応じてくれた礼を言って別れ、離れたところで私は一度振り返った。春の陽光に包まれ、逆縁のつらさを抱えた老母はまた一人、ぽつんと立ち尽くしていた。

†死の通り

墓地の近くには、「戦車の墓場」もあると聞いた。ブチャや周辺での戦いで壊れた戦闘車両の数々が、空き地に集められているという。しばらく歩道を歩いて行くと、それらしき荒野に出た。まずは大破した乗用車とトラックの数々が目に入る。この中には直接の攻撃を受けた車両も含まれるはずだ。全焼して見る影もない車は少なくない。乗っていた

「戦車の墓場」の錆びついた歩兵戦闘車。戦闘で壊れたものとみられる
（ブチャ、2022年5月2日）

人々はどうなっただろうか。

奥へ進むと、赤茶色に錆びた歩兵戦闘車五、六台がまとめて置かれている。細長い砲がむなしく空へと向いていた。戦車は破損の度合いが著しく、無限軌道のついた下部だけが野積みされていた。オリーブグリーンに塗られた弾薬箱や、破壊された家々から持ち込まれた粗大ゴミも捨てられ、うっすらと腐敗臭が漂う。辺りでは写真撮影する若者たちの姿もあった。

やがて、別行動の三木記者とオレフ助手もやってきた。みんなで街の中心部に戻って昼食の場所を探すが、営業中のレストランが見当たらない。戦災がれきの片付けや住宅の修復は少しずつ進んでいるが、復興はまだ緒に着いたばかりのようだ。小さなベーカリーでピザや紅茶を買い、ベンチでほお張って腹を満たした。

三木記者のチームは、遺体安置所近くで出会った犠牲者の遺族から詳しく話を聞き取っていた。長男らを亡くしたゾヤ・ボロディミリウナ（五九）と孫娘イローナ・ラズワエワ（二二）。彼女たちの証言も、ロシア軍による民間人殺害と占領下の市民が置かれた厳しい状況を伝える。以下、三木記者による取材内容から構成する。

遺体安置所でゾヤは涙を流し、顔を手で覆っていた。「ロシア兵は私たちを家の地下室から連れ去りました。そして、息子を殺しました。妹も死にました。これから先、どうやって生きていけばよいのか分からない」。行方不明だった長男アンドリー（死亡当時三七歳）の遺体が三日前に確認されたばかりという。写真で見る限り、至近距離から目を撃たれていた。ゾヤは安置所まで来たものの、変わり果てた息子の姿を直視できなかった。彼女の家があるのは、ブチャ南西部のヤブルンスカ通りだ。ロシア軍の撤退後、民間人の遺体が路上に多数放置されているのが見つかり、「死の通り」と呼ばれた場所である。

「二月二七日、駅前通りとヤブルンスカ通りを走っていたロシアの戦車が、ウクライナ軍の攻撃で破壊されました。あれはウクライナによる解放のように見えました。けれど、ウクライナ軍は二日間この辺りにいた後に撤退し、ロシア軍が戻ってきた」

ゾヤは、侵攻当初の攻防戦をこう振り返った。ゾヤと孫のイローナ、イローナにとって

ロシア軍によって家族２人を亡くしたゾヤ（左）と孫娘のイローナ
（ブチャ、2022年５月２日、三木幸治撮影）

はおじに当たるアンドリー、ゾヤの妹レシア（当時五二歳）が一緒にいた。両軍の戦闘で自宅の居間が損壊したため、家の地下室に隠れて保存食を食べながら危機が過ぎ去るのを待った。

ウクライナ軍の退却を受けてブチャはロシア側の支配下に入り、やがて市民の蹂躙が始まる。ゾヤ一家も標的の例外ではなかった。

イローナがロシア兵の侵入状況を証言する。

「三月四日、私たちが避難の準備をしていたとき、自動小銃を持ったロシア兵五人が庭に現れたのです。彼らは電子機器や身分証明書類を床に置くように言い、持ち物すべてをチェックしました。位置検出機能があったので、私のフィットネス・ウォッチは壊されました」

ロシア兵は、男性については服を脱がせて入れ墨を調べていた。極右思想の有無などを確かめようとしていたようだ。女性のイローナに対しても、手指をチェックし、銃器の使用歴がないか確認したという。一家は数百メートル先の別の通りにある共同住宅の地下室へ移され、そのまま収容された。その後、アンドリーだけが連行され、二度と戻ってこなかった。

✝占領下の生活

残る女性三人には苦しい地下生活が始まる。室内には他の住民も入れられており、全員で九人。電気も光も水もガスもない空間で、シャワーはもちろんトイレすらない。用を足すにはバケツとビニール袋を使った。特に夜は凍える寒さで、服を重ね着してベンチに集まって寝ていた。外からは昼夜を問わず銃撃音や爆発音が聞こえる。ラジオを車のバッテリーで充電し、かろうじて外の情報が得られた。こうした中、五日後に持病を持つレシアが心臓発作で死亡した。

イローナは回想する。「私たちはロシア兵とは話をしませんでしたが、祖母の妹であるレシアを裏庭に埋めるために声をかけました。最初、彼らは遺体を通りに放り投げるように言ったのです。私たちは家の近くのロシア軍の検問へ行き、何とか裏庭に埋葬できるよう交渉しました」

住民が食料や水を調達するため、日中は短時間の外出が認められていた。ただ、その際のルールは頻繁に変わる。例えば、民間人と示すため腕に白い包帯を巻く決まりがあった。「ある日は白い包帯を左手に、次の日は両腕につけろと指示が変わります。夜間外出禁止令の時間帯も変更された。ロシア兵から見て間違ったことをすれば銃撃されるので、できるだけ外に出ないようにしました」。イローナは恐怖の日々を振り返る。

周囲の道路は戦車や戦闘車両だらけで検問が多数あり、ロシア軍は小型無人機も飛ばして住民の動向を監視していた。水質の良い遠くの井戸まで行くのは危険なため、水くみは自宅近場の井戸で済ませた。屋外で火をおこし、缶詰やイモなどでスープを作る。食糧は自宅の冷蔵庫から持ってきたほか、連絡の取れた避難中の隣人が「うちにある食べ物を使って」と融通してくれたこともあった。占領下での暮らしは約二〇日間続いた。

ロシア軍とウクライナ軍は三月中旬、占領地から民間人を避難させる「人道回廊」の設置で合意する。ゾヤたちがキーウへと退避できたのは同一九日のことだ。イローナは語る。「満員のバスが七台。避難中、通りにはたくさんの遺体があり、破壊された街の様子も目の当たりにしました」。ブチャの「死の通り」に関する目撃証言だ。ロシア軍の占領下、多くの遺体が殺害されたそのままの姿で放置されていたという。「息子の遺体がこの中にあるかもしれない」。ゾヤは必死に目をこらしたが、判別できなかった。

二人は連行されたアンドリーの行方を懸命に探した。知人らに情報を伝え、SNSの「フェイスブック」にも人探しの投稿を書き込んだ。そしてある日、イローナの友人が死亡した男性の写真を送ってきた。行方不明者捜索用の地元のページに投稿されていた一枚だという。銃撃で遺体の眼球は失われていたが、二人は顔と衣類からアンドリーであることを確認した。彼も普通の市民だった。独身で建設労働やガス工事に従事していた。徴兵で二〇歳のときに軍隊へ行ったが、それだけだ。ゾヤは息子の死を知った時、取り乱して泣き続けた。

ロシア軍の撤退を受け、キーウに避難していたゾヤたちが故郷に戻ったのは四月二八日とほんの数日前だ。破壊された町は静まりかえっていた。近隣は大破した住宅が多い中、二人の家は比較的ましな状態だった。平和な街を一変させた侵略について、彼女たちはいま何を思うのか。

イローナは言う。「こうしたすべてがなぜ起こっているのか理解できません。彼ら（ロシア兵）はここで誰を解放しているというのでしょう？　実際のところ、彼らは他国の土地に侵入して家を壊し、多くを盗み、混乱を残した。なぜここに来たのか分かりません」

ゾヤは悲痛な思いを口にした。「この自由な国で、彼らは民間人を殺す。これは悪夢です。彼らに人々の人生を奪う権利はありません。誰か私たちをこの悲劇から救ってほしい。妹や息子を返してほしい」

†「死の通り」を歩く

私たち五人は昼食後、ヤブルンスカ通りへ向かった。まずは駅前通りを歩く。道路はきれいに片付けられているが、両側には破壊された住宅が連なる。窓ガラスがすべて割れ、金属製の屋根が大きく歪んだ二階建ての家では、壊れた部材を片付ける数人がいた。道路の反対側では、建物被害の状況を動画撮影する国際人権NGOのクルーが慣れた様子で動く。人の気配はそれぐらいで、通りは静かだ。根こそぎ倒れた太い街路樹や、完全に崩れた家、焼け焦げた壁など戦闘の余韻が残っている。

右折してヤブルンスカ通りに入る。本来なら世界に名を知られることもなかったはずの、地味な住宅街だ。こちらも壊れた一軒家が並び、鉄製の塀には弾痕がいくつも開いている。しばらく進むと、窓の一つに洗濯物がたなびく古い集合住宅が現れた。庭にはブランコで遊ぶ男児と見守る高齢女性がいる。聞けば、彼らは街を出ていて難を逃れた人々だった。花壇では満開の赤いチューリップやタンポポがそよ風に揺れていた。遺体がいくつも放置された通りとは思えない平穏さがあった。

この日の取材の最後に、ロシア軍が拠点の一つとした十数階建てのマンション街区を訪ねた。ブチャ駅に近く、駅前通りから東に入った新興開発エリアにある。濃い灰色と白を基調とした真新しい分譲マンションは砲撃によって所々、無残に破壊された。割れた窓ガラスが遊具広場に散らばっている。ここに陣取るロシア軍をウクライナ側が狙ったらしい。がれきや壊れた家具がゴミ集積所に山積みされ、駐車場には大破した乗用車が置き去りになっている。

このマンションへ戻ってきた数少ない住民である中年男性が「中を見せてあげるからついておいで」と案内役を買って出た。一棟のロビーに入ると、故障したエレベーターが延々とドアを開け閉めしている。聞こえるのは、そのむなしい機械音だけだ。広々とした地下室には、ロシア兵が飲み食いしたらしい軍用糧食の紙箱やビール缶が散らかっている。階段をずっと上っていくと、各階の部屋のドアはみんなこじ開けられた跡がある。住民男性は「ロシア軍がウクライナ軍の狙撃手を探そうとしていたんだ」と説明した。最上階の部屋の浴室の鏡には、ロシア兵が落書きしたという女性の下半身の粗雑な絵が残っていた。

翌五月三日も私たちはキーウからブチャへ向かった。ブチャに入って戦闘で大破した大型店舗を見ると、二〇一四年以来の紛争で荒れたドネツクでの取材の記憶がよみがえる。戦時下だが、ガソリンスタンドには長い車列があり、公園には犬の散歩をする女性の姿。

生活の息吹は少しずつ戻っている。再びヤブルンスカ通りを訪ね、ガラス工場で門番に声をかけた。この場所はロシア軍が拠点とした場所で間違いなかったが、中には入れなかった。戦闘車両の修理などにも使われていたらしい。向かいの古い共同住宅には砲撃による大穴が開いている。

†民族ごとのロシア軍部隊

ここで三木記者のチームといったん別れ、私とビクトル助手は病院へ移動した。夫を亡くした女性看護師に話を聞く約束がある。

病院を訪れると間もなく、上級看護師であるアッラ・オレクセーエワ（五一）の個室に通された。本棚には多くのファイルが並び、机にも書類が積まれている。ショートカットで黒の私服姿の彼女には実務的な雰囲気が感じられる。元警察幹部の夫ユーリー（当時四九歳）を路上で銃殺された。私たちに椅子を勧めた後、彼女は顔を引き締め、おもむろに口を開いた。

「私の夫はキーウ州にて長く警察で働き、警察中佐として組織犯罪対策部の特殊部隊長も務めました。二〇一四年にロシアがウクライナを攻撃すると、彼の同僚の多くは抵抗に加わるため東部ドンバスへ向かいました。夫は健康上の理由で前線に行けず、気に病んでいた。その後、病気のため早期退職しました。それでも、うちには娘もおり、人生は続きました」

二人の間には二八歳の長男、一三歳の長女がいるという。

「私たち夫婦はどちらも父方がロシア人です。彼の父はモスクワ近郊の出身、私の父はウラル出身。だから、家族みんなロシア語を話します。ロシアと米欧の外交交渉が続いている間、私たちはロシアの親戚と電話で議論しましたが、二月中旬には不毛になってやめました。向こうにいる友人も親戚も私たちの話を理解しませんでした」

一家は、プーチンが「ウクライナのネオナチから助け出す」としたロシア系、ロシア語話者の住民である。戦争前夜から既に、両国の親戚間に断絶が生じていた。

侵攻前日の二月二三日は、旧ソ連で制定された「祖国防衛者の日」だった。軍務経験者を中心に男性を祝う記念日である。アッラが回想する。

「その日、災厄を予見するものは何もありませんでした。夫と彼の友人を祝うため、私たちはみんなでイルピン近くのストヤンカ村にあるダーチャ（別荘）へ行きました。その友人の妻と私とで食卓を用意し、彼らを祝福しました。男性陣はダーチャに残り、私たち女性はそれぞれ家に帰りました」

ストヤンカはブチャからイルピンを挟んで南に約一〇キロ。ウクライナ西部からキーウへつながる主要幹線道路に面した小さな村だ。翌二四日、事態は急変する。

「朝六時、夫がいきなり電話をかけてきて、貴重品や大事な書類を急いでまとめるよう言いました。空港が爆撃されているというのです。彼は家にやって来ると、娘を連れて再びストヤンカへ向かった。ブチャよりも安全だと考えたのです。夫と彼の友人は向こうで地域防衛を指揮し、キーウ方面への道路に住民みんなで検問陣地を設けました。

一方、ブチャの病院には両陣営の負傷者が続々と運ばれていたので、私は出勤しました。当初、院内にはロシア人、チェチェン人、ウクライナ人の患者がいました。数日後、ロシア軍部隊がブチャに進駐してくると、ウクライナ軍の負傷兵は全員避難し、重傷を負った民間人だけが搬送されるようになった。榴弾や地雷による傷。恐ろしい状況を目の当たりにしました。特に被害者が子供だったとき……。八歳と一四歳の女の子は腕を引き裂かれていた。一六歳の少年は背中を撃たれた。とにかくひどかった」

緊急事態下で夫婦は離ればなれになりながら、それぞれの立場で最善を尽くしてい

夫を殺害された看護師のアッラ・オレクセーエワ
（ブチャ、2022年5月3日）

た。

「私たちはお互いに電話をかけていました。三月五日に大規模な攻勢があってロシア軍が街に入ってきた。この日の夕方は何とか電話できました。ところが、翌六日からは夫と連絡が取れなくなり、彼は行方不明になった。

ロシア軍はストヤンカ村まで侵攻し、占領下で娘は夫の友人の妻であるアーニャと過ごしました。彼女は村に残された家族やペットの世話をするため、キーウから占領地にわざわざ車で向かったのです。ロシア兵を恐れていたにもかかわらず、村に戻って夫たちを探しました」

アッラはロシア軍占領下のブチャにおける、やや複雑な状況も口にした。

「街の各エリアは別々の部隊に分割支配されていました。チェチェン人、ブリャート人、ロシア人……。ロシア人の部隊は大なり小なりまともで、比較的若かった。私は病院にやってきたロシア人の兵士二人と話しました。彼らは挑発さえしなければ問題なかった。装備はウクライナ軍のものより劣っていた。それ以外のロシア兵について私は直接見ていません。聞いた話です。ブリャート人はすぐさま住宅に侵入して洗濯機などを盗んだ、チェチェン人はこれまで女性を見たことがないかのように振る舞い酷かった、と」

広大な国土を持つロシア連邦は二〇〇もの民族が暮らす世界有数の多民族国家だ。八割近くを占める主要民族のロシア人のほか、タタール人など多くの少数民族が暮らす。ロシアの独立系メディア「メディアゾナ」は英BBC放送と共同で、ロシア軍の戦死者数を州など八五ある連邦構成体（占領地域のクリミア半島を含む）ごとに集計している。

ロシア国防省は詳細情報を明かさないため、遺族のSNSへの投稿、地方メディアの報道、地方自治体による発表など公開情報を用いたという。限定的な調査だが、少数民族主体の貧しい地域に死亡した軍人が多いという偏りが判明した。把握できた死者計五八〇一人（二二年八月二五日現在）のうち、トップは北カフカスのダゲスタン共和国で二七二人、次いで東シベリアのブリャート共和国が二四六人だった。一方、首都モスクワは一五人、第二の都市サンクトペテルブルクは四三人と人口に比して極端に少ない。

ダゲスタンはイスラム教徒のダゲスタン諸族、ブリャートはモンゴル系で仏教徒のブリャート人が暮らす。これらのエリアでは失業率が高く低賃金のため、軍へ志願するハードルは低い。それに加えて、両地域などは伝統的にモスクワ中央に親和的という指摘もある。戦死者が大勢出ても反戦運動に発展する可能性が少ないという面が影響を与えているかもしれない。ブリャートの部隊は、一四年からのドンバス紛争における水面下のロシア軍の侵攻でも参加が確認されている。

他方、ダゲスタンの西隣に位置するチェチェン共和国はロシア国内でも特殊な存在だ。二度のチェチェン紛争を経て独立派は一掃され、親プーチンのラムザン・カディロフ首長が強権を振るう。市民抑圧の手足となっているのが、配下のチェチェン人部隊（通称「カディロフツィ」）だ。

カディロフはプーチンの歓心を買うべく、部隊をロシア軍のウクライナ侵攻へ積極的に投じ、SNSやメディアを通じてアピールした。部隊を率いたカディロフ側近の下院議員アダム・デリムハノフは四月下旬、マリウポリ「解放」の戦功でプーチンから「ロシア英雄」の称号を与えられた。ただ、その実態は前線での戦闘よりも、市民に対する拷問やレイプといった残虐行為が中心と指摘されている。メディアゾナの集計で、チェチェンの戦死者数は一二四人だった。

†拷問死

占領下のブチャの話に戻ろう。三月一二日に病院から患者と医師ら全員が避難した後、看護師のアッラは家族のいるストヤンカ村へ行こうと試みた。だが、検問のロシア兵が通過を許さなかったという。別ルートも試したが、今度はウクライナ側の検問で止められた。翌一三日、アッラはやむなくキーウへ移動する。軍の護送を受けた娘とキーウで再会できたのは三月末のことだ。その数日後、キーウ近郊からロシア軍は撤退した。

そうこうするうちに、音信不通だった夫の情報が入る。彼と友人男性はロシア軍に拘束された模様だ。無人機による情報収集などで判明したという。「最初、夫が捕われの身にあると知らされたとき、信じられなかった。地域に平和が戻ってきたのに、彼らは行方不明のまま。捕虜がロシアやベラルーシへ連行される例を知っていたので、私たちは手を尽くして探しました」

しかし、悲報が舞い込む。

「四月一一日、彼の遺体が道路脇の検問で見つかったと知らされました。頭部に六つの銃創があり、特殊部隊が使う銃「ヴァル」で撃たれたものだった。四月二三日、安置所の冷蔵施設で遺体を自分の目で確認しました。背が高くて頑健な夫の体には多くの傷痕があった。遺体を引き取るときに尋ねられました。「彼は特務機関と何か関係がありましたか」と。ロシア兵は自分たちが誰を殺しているのかを知っていたようなのです。数日後、彼の友人が野原で発見されました。頭皮をはがされ、明らかに拷問された様子だった。二人の死については犯罪捜査が進められるそうです」

ヴァルは消音機能を持ったアサルトライフルだ。検視の際、夫の遺体から専用の弾丸が摘出された。これは珍しいケースといい、元警察幹部という彼の経歴を知ったロシア側が脅して何らかの情報を引き出そうとしていた可能性もある。

アッラは夫の心情をおもんぱかった。「彼はストヤンカを離れたくありませんでした。娘がそこにいたからです。彼は戦いたかった。イルピンで一人暮らししていた息子も呼び出していたけれど、息子はたどり着けなかった」。一民間人だった彼女の夫、ユーリー・オレクセーエフは家族や故郷を守ろうとして体を張り、殺されたのだという。

アッラは夫の遺体を三日前に埋葬したばかりだ。ブチャで知り合った夫妻は来年で結婚三〇年を迎えるはずだった。「夫は社交的でエネルギッシュで、同時に厳しい性格でした。これは警官という職業柄でしょう。遅くに生まれた娘を男の子のように育て、射撃だとか色々教えていた。お陰で彼女は占領下の生活では、自分で発電機を始動し、火をおこすこともできた。戦争が始まらなければ、私たち家族は冬休みをとって西部へスキーに行く予定でした」

気丈に振る舞う彼女は、素早く目頭を拭った。キーウからブチャに戻ったアッラは、しばらく病院に住み込んで働いたという。自宅マンションはドアを破られ、中が荒らされていたためだ。息子の部屋は窓が全壊、ダーチャも屋根が破壊され、他に住む場所はなかった。父親を失ってショックを受けた娘は今もキーウに残る。息子は志願兵となって軍に加わった。

私は彼女の思いを知るため、二つの質問を投げかけた。

――これはプーチン大統領による侵攻か、それともロシアによる侵攻？

「これは大量のプランクトン的な人々が無意識のうちに支える一人の男、プーチンの戦争です。侵攻後にロシアの親戚と話をしたとき、ショックを受けました。キーウへの攻撃について話すと彼らはそれを信じず、私たちが捏造していると言いました。

ロシア人によれば、ウクライナ人は自らに責任があり、ゼレンスキーに罪がある。私の夫が殺されたのも私たちに責任があるというのです。どうしてそんなに無頓着にテレビを信頼できるのか分からない。これは二〇一四年以来の現象です。私の理解する限りでは、ロシアではモスクワから遠くなるほど物の分からない人たちがいます。

ブチャでは大勢の人が亡くなりました。ある場所では脚の骨を折られ、目をくり抜かれた一二人の遺体が発見された。教会の裏庭に埋葬された数十人の遺体も掘り返されています。多くの人が街を離れず、地下室にこもって危機が終わるのを待とうとしていました」

――ロシア人とウクライナ人の関係は今後も可能？

「娘には戦争前はロシアにも友達がいました。けれど、今では彼女にとってロシアは敵です。向こうの親戚や友人と連絡をとるのをやめました。彼らは言いました。『お父さんが死んでかわいそうに。だけど、こういうことはあるのだよ』と。彼女はこう答えました。

「いいえ、違います。あなたたちの兵士が殺した。あなたたちがそれを許したからです」

病んだリーダーと病んだ国……。私たちは兄弟でも親戚でもありません。異なる伝統を持ち、精神性が違います。彼らに支え合いはありません。他人のマイナスが自分たちにはプラスという考え方です。私たちにはそんな考えはありません。どうやらそれが、このすべての災厄が起こっている理由です。

夫の父親は八五歳です。彼はソ連時代の方がずっと良かったとよく言い、ウクライナの血も引く私たちを「バンデラ」と呼んでいました。いま、彼は末息子を失い、この悲しみから多くのことを考え直さなければならないでしょう。この戦争は涙と災厄だけをもたらし、子供たちを孤児にします。私には言葉もありません」

†ブチャの教会

病院を後にした私たちはその足で、街の聖使徒アンドリー教会へ向かった。午後から犠牲者の追悼式典が予定されており、その前に聖職者から話を聞いておこう。そばに寄ると、中層ビルほどの大きさを持つこの教会は、伝統様式を現代風にアレンジした建物だった。白を基調とし、黄金色の円屋根の上に十字架が立つ。ガラス窓が多く、メインホールの採光性は抜群だ。礼拝堂は地下という独特のスタイルで、親しみやすい雰囲気がある。だが、ロシア軍占領下では教会の裏庭が遺体の仮埋葬地となった。

式典準備が進む教会入り口で、黒衣をまとったアンドレイ・ゴロビン神父（四九）に声をかけた。細身で口ひげ、顎ひげを整えているが、目の下の深いくまは疲れも感じさせる。「短時間であれば」と神父は取材を快諾し、この街で見聞きしてきたことを淡々と語り始めた。

「毎日、私たちの教会では一〇件以上の葬式があります。キーウ州では一二〇〇人以上が亡くなりました。うち四〇〇人以上がブチャです。周りの市町村では激しい戦闘があったけれど、ここはそうではなかった。犠牲者のほとんどが銃殺された民間人です。街から逃げなかった人々のうち、五人に一人が亡くなった。

アンドレイ・ゴロビン神父
（ブチャ、2022年5月3日）

ロシア軍の侵攻当初、街の通りや乗用車へ向けて激しい銃撃があり、住宅の窓も次々と狙撃兵に撃たれた。拘束された男性たちは服を脱がされ、入れ墨や銃器による手指のたこなど軍隊経験を示すものがないか調べられた。私の友人もこれを体験しています。目隠しされ、ひざまずいた状態で尋問された人もいる」

教会は本来、葬儀だけではなく、洗礼や結婚といった晴れの典礼も挙行する場所だ。だが、ここでは今、ひたすらに死を悼むほかなくなっている。ゴロビン神父は、大勢の地元住民の犠牲という重みを深く感じている一人かもしれない。

神父は静かな声で恐怖の日々を振り返る。

「私は占領下でもブチャにとどまっていました。ここには複数のロシア軍部隊がいた。ブリャート人、チェチェン人、欧州的外見の普通のロシア人。彼らはお互いにうまく連携を取ってはいなかった。ある地区で遺体回収が許可されても、別の地区では回収作業へ向けて発砲してくる。私たち住民に対して一定の自制ができているグループもいれば、レイプや殺人に興じたグループもいた。ロシア軍は住民が街外れの墓地を訪ねることを禁じ、行こうと試みた人は途中で撃たれた。そのため、この教会の敷地は路上や車上で撃たれた犠牲者の仮埋葬地となったのです。ロシア兵はこの街で司祭も殺した。彼はキーウで働き、ブチャに住んでいた。ロシア兵が私の家にもやって来たので、三月一二日にやむなく退避しました」

ここで、ロシアとウクライナの宗教問題に触れておこう。両国の間にはキリスト教・東方正教の派閥を巡る争いがあり、それが今回の戦争にも少なからず影響を与えている。

ウクライナでは人口の七割弱が正教を信仰する。他には、ローマ教皇の権威下にあるギリシャ・カトリック教会（ユニエイト教会）の信者がリビウなど西部を中心に人口の一割弱おり、さらにイスラム教徒、ユダヤ教徒などが少数存在する。こうした中、多数派であるウクライナの正教会は複雑な経緯をたどってきた。

歴史をさかのぼると、ロシア正教会（モスクワ総主教庁）が一六八六年にウクライナの正教会（キーウ府主教区）を管轄下に収めたことが始まりだ。その際には、東方正教会の最高権威であるコンスタンチノープル総主教庁（トルコ・イスタンブール）の許可を得ていた。しかし、一九二〇年代にウクライナの「自治独立派」がロシア正教会からの独立を表明、ソ連崩壊翌年の九二年には「キーウ聖庁」派も独立宣言する。

こうして、ウクライナの正教会は三派（ロシア正教会傘下のモスクワ聖庁派、自治独立派、キーウ聖庁）に分裂した。

事態が大きく動いたのは、一四年のウクライナ危機でロシアとの対立が深まってからのことだ。一八年一二月、ポロシェンコ政権（当時）の後押しを受けて、キーウ聖庁と自治独立派が統一を果たす。さらに一九年一月、コンスタンチノープル総主教のバルトロメオ一世が「トモス」（正教会の交付文書）に署名し、統一したウクライナ正教会の独立が公式に権威づけられた。ウクライナへの管轄権を失うロシア正教会は強く反発し、コンスタンチノープルとの関係断絶を通告する。モスクワ聖庁派は宙ぶらりんの存在となった。

ここで理解しておくべき重要な点は、現代のロシアにおいてロシア正教会はプーチン政権の内外政策に宗教的お墨付きを与える「道具」となっていることだ。〇九年からトップを務めるモスクワ総主教のキリル一世はプーチンと同じサンクトペテルブルク出身で、ソ連時代には宗教家でありながら諜報機関ＫＧＢの工作員だった疑いも指摘されている。プーチンとべったりのキリルは、今回の侵攻についても擁護し、支持する発言を繰り返した。ロシアとウクライナの「一体性」を主張し、政治的にも宗教的にもウクライナの独立を認めないという点で、この二人は一致している。

ゴロビン神父は独立したウクライナ正教会に所属する。私は、宗教を巡る質問を投げかけた。

――ロシア正教会とキリル総主教についてどう思う？

「キリル総主教は説教の中で「ウクライナは自分の正規の管轄地だ」と語っています。彼は、慈父のようには話しません。彼がウクライナについて語るときに言うのは土地のことだけ。帝国的な発想です。領土だけを必要とし、そこに暮らす住民がみんな死のうと構わないのです」

穏やかな神父の口から厳しい批判が飛び出した。両者の亀裂はこれほどまでに深いと、私は改めて実感した。

——ウクライナ正教会が一九年に独立したことについては？

「この成果は、ウクライナが目指す欧州連合（EU）への加盟にも匹敵すると思います。ロシアにとってウクライナの人々を宗派ごとに分裂させておくのは好都合だった。（コンスタンチノープル総主教の）「トモス」は私たちが単一の教会で団結するのを可能にする。モスクワ総主教系の教会に通う人々が正しい結論を導き出し、ウクライナ正教会と団結し、国のために単一の強力な教会を打ち立てるのを助けてくれるよう願っています」

濃淡のある灰色の雲に空が覆われた午後二時過ぎ、教会での追悼式典が始まる。百数十人の参列者には女性の姿が多い。聖職者による慰霊の言葉の後、合唱団と管弦楽団が哀切の籠もった楽曲を奏でる。吹き抜けのホールに音色が響き渡る中、涙をそっと拭う人もいた。

ふんだんに光が差し込む会場には、ロシア軍撤退直後にブチャ各所で遺体が発見された際の写真パネルが二、三〇枚展示されている。地下室で折り重なって見つかった男性たち、自転車に乗っていて撃たれた男性――。むごい有り様だ。この二日間に私たちが歩いた街区での現場写真や、教会の敷地から仮埋葬の遺体を発掘した時の記録写真もあった。

†レイプ被害

私たちは追悼式典の途中でそっと教会を抜け出した。昨日と同じベーカリーでピザを買って外のベンチで食べているうちに、ぽつりぽつりと雨が降ってくる。別行動の三木記者たちに急ぎ連絡を取って合流した。彼らはブチャ周辺で人道支援活動を続ける男性、コンスタンティン・グダウスカス（三八）に遭遇し、占領下での体験を聞いていた。グダウスカスはロシア兵の強姦被害にあった少女を保護したこともあったという。以下、三木記者とオレフ助手の取材から。

「忘れたくても、忘れられないことがたくさんある」。グダウスカスは深いため息をついた。あれは、ブチャの西隣に位置する町ボルゼリで残存住民に食料を配っていた三月中旬のことだ。ロシア軍の占拠が続く中で、住民と話すことも認められないぎりぎりの活動だった。ひと仕事を終えて車に戻り、キーウへ戻ろうとしたとき、ふいに車内に人の気配を感じた。

思い切って振り返ると、座席の陰に隠れている少女がいる。彼女はグダウスカスを見つめ、「私を助けて、お願い」と口にした。疲れた目をして、その周囲には大きな打撲傷がある。ボルゼリからキーウまで約二〇キロの道には数多くの検問があり、ひどく渋滞していた。「到着までの三時間、私は無我夢中でハンドルを握っていた」

小柄な少女は一五歳。三月上旬に町が占拠された後、ロシア軍が拠点を置いた一軒家の地下室に母親と共に連行され、一〇日間にわたって監禁されていたという。毎日のように若い兵士たちが酒を飲みながら彼女を脅し、殴打し、レイプした。それは母親の面前でのことだ。強姦するたび、「ウクライナ人はこれ以上生まれてくるべきじゃない。お前には決して子供はできないだろう」などと言い放った。兵士を止めようとした母親は銃で撃たれ、出血したまま放置されて二日後に亡くなった。同じ地下室にいた一四歳の少年も殺された。

ある日のことだ。酔っ払ったロシア兵たちはレイプした後に彼女の両手を縛るのを忘れた。少女はその隙を突いて地下室から脱出し、近くの森の中に逃げ込んだ。やがてやって来た車のドアの鍵が開いていたことが何よりも幸いした。

グダウスカスは少女をキーウの病院へ連れて

ブチャ周辺で人道支援活動を続けるコンスタンティン・グダウスカス（ブチャ、2022年5月3日、三木幸治撮影）

行き、被害を当局に通報した。戦時下での苛烈な性犯罪の被害者であり、重要な証言者でもある。捜査当局は、ロシア軍兵士による戦争犯罪の可能性が高いとみて、少女から事情を聴いた。ロシア軍撤退後の四月上旬、監禁現場の地下室から母親と少年の遺体が見つかった。少女は欧州のある国に移送され、リハビリを続けているという。

ロシア軍のウクライナ侵攻によって起きた性暴力の疑い事例について、国連の担当高官は計一二四件（六月三日時点）と六月上旬に国連安保理事会の会合で報告した。被害者別では成人女性が五六件、子供が四九件、成人男性が一九件だった。実際の被害はさらに多数に上る可能性がある。

グダウスカスは占領下にあったブチャ近郊でロシア軍と交渉し、市民二〇〇人以上の避難支援に携わったという。多くの人たちがロシア兵から何らかの暴行を受けた様子だった。ボルゼリの高級住宅街にある家の地下室から救出された女性（七八）も、彼にとって忘れられないケースの一つだ。

町に侵入したロシア兵が、女性とその夫がウクライナ語で話しているのに気づき、連行したのが始まりだった。地下室には既に複数の遺体があり、夫は間もなく射殺された。女性は遺体と一緒に監禁され、水しか与えられなかったという。数日おきに室内に煙幕弾が放たれ、女性は視力を失った。発見時は衰弱しきっており、ウクライナ西部の病院に入院した今も心を閉ざしているという。
「ここは地獄です。彼ら（ロシア兵）の人間性を目にすることができた日は一度もなかった」。数々の惨事を目撃してきたグダウスカスはこう言って、声を詰まらせた。

ブチャでは結束バンドなどで後ろ手に縛られたまま、射殺された遺体も複数見つかった。ロシア軍兵士による拷問を受けた模様だ。国際刑事裁判所（ICC、オランダ・ハーグ）は四月に戦争犯罪の有無を調べるための捜査を始めた。

ブチャ市議会の二二年九月上旬時点での集計によると、ロシア軍によって殺害されたとみられる死者数はブチャ行政地区で計約一一〇〇人にのぼり、このうちブチャ市内は四一九人を数える。人口約三五万人のブチャ行政地区にはブチャ、イルピンのほか、数多くの村々が含まれる。埋められた遺体の発掘と検視は続いているため、殺害された民間人の数はさらに増える可能性がある。

一方、プーチン大統領は四月一八日、ブチャの民間人殺害に関与したとみられるロシア軍「第六四独立自動車化狙撃旅団」（拠点・極東ハバロフスク地方）に「親衛」の名誉称号を与え、「祖国と国益の防護において英雄的精神と勇敢さを大いに発揮した」と称賛した。

英国防省による戦況分析地図

（https://twitter.com/defencehq）

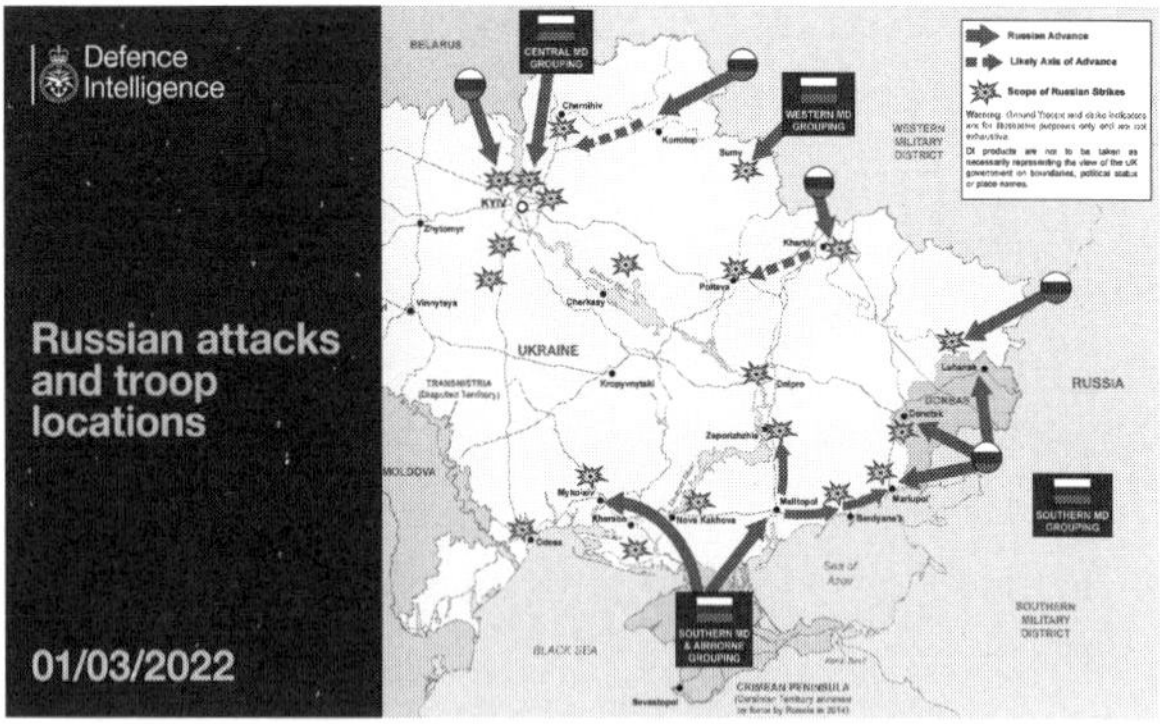

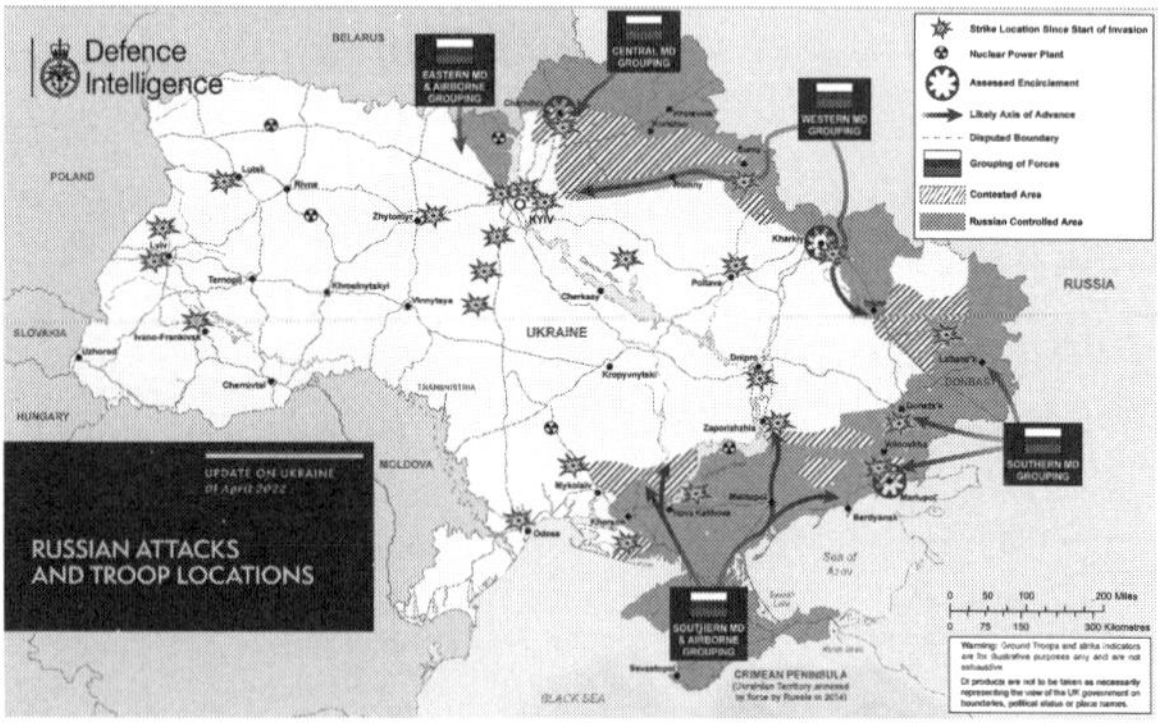

【2022年３月１日】侵攻開始６日目のウクライナ戦況。ロシア軍の地上部隊は「北」のベラルーシ側から首都キーウ近郊を襲っている。「東」のロシア側からは北東部にある第２の都市ハルキウなどを攻撃。東部ドンバス地方では親露派支配地域（国土の約３％）を拡張しようという動きが顕著だ。「南」のクリミア半島を足場とした部隊は南部ヘルソン、ザポリージャ両州へ侵出。黒海、アゾフ海沿岸地域の占拠を狙う。各地に空爆も実施され、３方向からの全面侵攻が続く。

【４月１日】ロシア軍の地上部隊は首都キーウの北西近郊エリアを制圧するも、首都を巡ってはウクライナ軍との攻防が続く。第２の都市ハルキウも持ちこたえている。ウクライナ北部から東部にかけてのロシア隣接地域は帯状に占領された。アゾフ海に面した南東部の要衝マリウポリは包囲攻撃を受けている。クリミア半島の付け根にあたる南部ヘルソン、ザポリージャ両州は多くのエリアが占領された。ロシア軍の空爆は前線から遠い西部の拠点都市リビウなども襲っている。

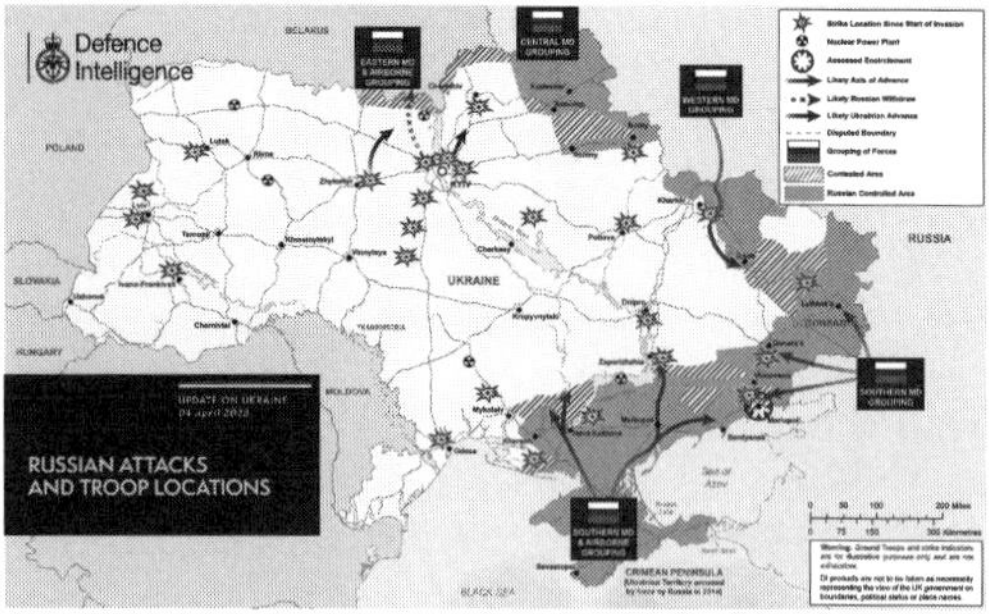
Defence Intelligence
RUSSIAN ATTACKS AND TROOP LOCATIONS
UKRAINE
RUSSIA
POLAND
BELARUS
MOLDOVA
SLOVAKIA
HUNGARY
EASTERN MD & AIRBORNE GROUPING
CENTRAL MD GROUPING
WESTERN MD GROUPING
SOUTHERN MD GROUPING
SOUTHERN MD & AIRBORNE GROUPING
CRIMEAN PENINSULA
BLACK SEA

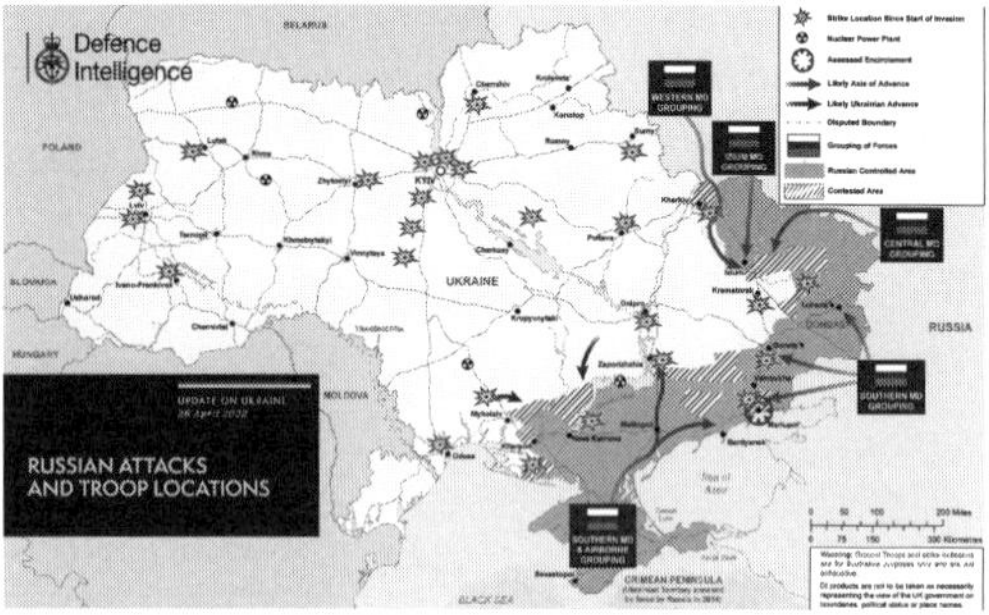
Defence Intelligence
RUSSIAN ATTACKS AND TROOP LOCATIONS
UKRAINE
RUSSIA
POLAND
BELARUS
MOLDOVA
HUNGARY
WESTERN MD GROUPING
CENTRAL MD GROUPING
SOUTHERN MD GROUPING
SOUTHERN MD & AIRBORNE GROUPING
CRIMEAN PENINSULA

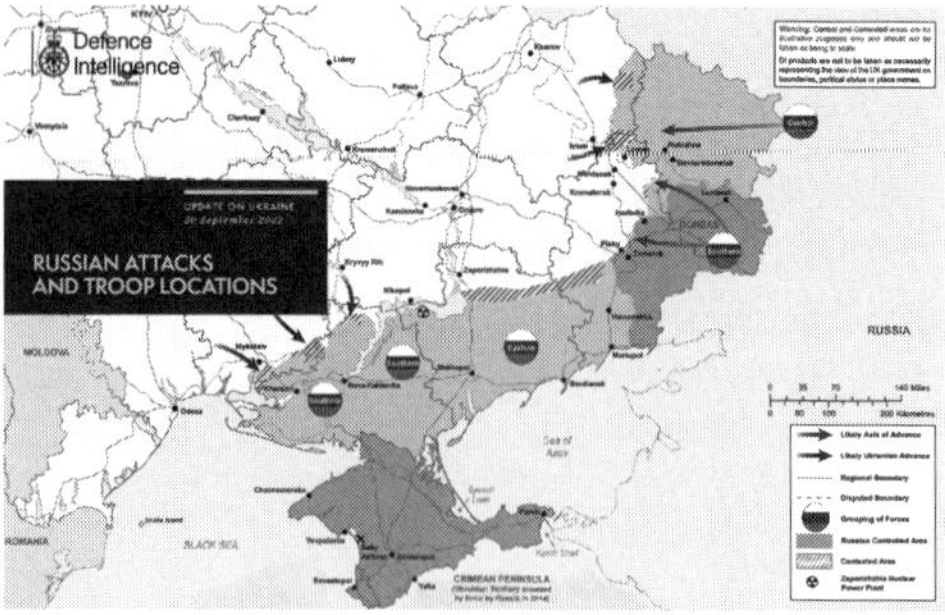
Defence Intelligence
RUSSIAN ATTACKS AND TROOP LOCATIONS
RUSSIA
MOLDOVA
ROMANIA
BLACK SEA
CRIMEAN PENINSULA

【４月４日】キーウ近郊を占拠し、首都に迫っていたロシア軍地上部隊が３月末から４月初旬、目的を果たせないまま一斉にベラルーシ側へ撤退。戦況は大きく変化した。ロシア軍が占領していたブチャなどで民間人の殺害遺体が多数発見された。

【４月26日】首都キーウを狙ったロシア軍地上部隊が４月初旬までに撤退し、攻防はウクライナ東部、南東部、南部が中心となった。包囲戦が続く南東部の要衝マリウポリでは、ウクライナ軍側が広大なアゾフスターリ製鉄所に立て籠もって抗戦している（ロシア軍は５月20日、マリウポリの完全制圧を発表）。

【９月30日】ロシア軍はこれまでに、東部ドンバス地方でドネツク州の約60％、ルハンシク州の全域、南部ではザポリージャ州の約70％、ヘルソン州のほぼ全域を占拠した。これら４州に対し、プーチン大統領がこの日、ロシア領編入を宣言。ウクライナ軍は９月中旬、東部ハルキウ州で多くの地域を奪還するなど反転攻勢を強めており、編入宣言には「苦し紛れ」の側面もある。

第四章

破壊と占領

†ザポリージャへ

黄色の菜の花、若草色の小麦、作付け前の黒土の畑――。車窓から快晴の外を眺めると、三色の田園風景がポプラ並木の向こうに流れていく。晩春の大地は思いのままに輝いている。ただ、幹線道路には時々検問が現れ、コンクリートブロックや土のうを積んだ簡易陣地も目に入

ヨットが浮かぶマリウポリの海辺（マリウポリ、2014年9月14日）

る。車はそれを避けるため、しばし低速での蛇行を強いられる。この国にいる限り、どこへ行こうと戦争はついて回る。

ウクライナ入りから一週間が経った。ブチャでの取材を終えた私は、南部の拠点都市ザポリージャへの移動を決めた。南東部の激戦地、ドネツク州マリウポリを逃れた市民が次々とこの街に避難しているからだ。徹底的な破壊と占領が進むマリウポリの実態を知りたい。五月五日の午前一〇時前、私とビクトル助手、エフゲニー運転手の三人で出発した。三木記者のチームは引き続きキーウで取材を続ける。

キーウからザポリージャへは南東に約五六〇キロ、大河ドニプロの下流方面を目指す旅だ。ロシア軍の占領地域や戦闘の前線にもぐっと近づく。午後三時過ぎ、ロングドライブも後半に入ったところで、森林地帯の路傍に小さなレストランを見つけた。長距離運転手向けの店らしい。豚のカツレツとポテト、サラダ、酸味のきいたスープ「サリャンカ」を注文する。どれも悪くない。がらんとした店内で三人とも無心に咀嚼した。温かい食事はいつだって価値がある。昨夜は夕食に出るのがわずかに遅れて飲食店のラストオーダーに間に合わず、スーパーで買ったカップ麺と総菜で済ませた。夜間外出禁止令のあおりだ。

遅い昼食後、再び平原の一本道を飛ばし、やがて都市の輪郭が前方に見えてきた。日暮れ前の夕方六時半ごろ、ザポリージャに入った。片側三車線の目抜き通りはすいていて、飛び交うツバメが目立つ。ソ連時代の共同住宅を一部改築したホテルで休んでいると、午後七時半過ぎに空襲警報が鳴り響いた。この重苦しい音にも慣れたつもりだったが、現在地はロシア軍が陣取る地域まで数十キロと近く、さすがに不気味だ。早めにベッドに入った午後一〇時半過ぎにも警報は鳴った。

翌六日、朝のザポリージャは昨夜より産業都市らしい活気が見て取れた。大通りを古びたトロリーバスが行き交い、旧ソ連の面影も感じさせる。ここには、ドニプロ川の豊かな水資源を利用した、国内最大のドニプロ水力発電所がある。スターリンがソ連の工業化を進めていた一九三二年に稼働し、アルミニウムの精錬や製鉄への電力供給を主目的としていた。川を横断するダムの上は全長一キロ弱の橋になっており、市の東西を結ぶ。変電設備や高圧鉄塔が並び、川下の方には大規模な工場の煙突も見える。

ザポリージャにはもう一つ、別の顔がある。ウクライナの歴史にとって重要な土地だった。水力発電所のすぐ下流にある大きな中州、ホルティツャ島こそ、一六～一七世紀にコサックが活動の中心とした場所だ。自由を求めて領主から逃れた農奴らが集団を形成し、身を守るために戦闘と騎馬の技術を磨いた。そんなコサックは、集会を通じて民主的な意思決定をしていたとされる。ウクライナ人の多くはコサックを自らの先祖と誇り、自由を重んじる伝統を大切にする。

私たちはこのホルティツャ島に車で渡った。緑豊かな島内の保養施設にマリウポリからの避難民が一時滞在していると聞いたからだ。施設の入り口に着いて、取材を約束した担当者に連絡すると「多忙なので一時間半後に」との返答。仕方なく、近くにある「ザポロッジャ・シーチ」へ移動した。往年のコサックの拠点を復元した観光施設で、丸太の塀の内側に木造の家屋や教会が建ち並ぶ。目玉は伝統の剣術や騎馬術の披露という。だが、戦時下の現在は門が固く閉ざされ、人の気配はない。水力発電所や川中の奇岩のいくつかを眺めていると、またも重苦しい空襲警報が鳴り響いた。

†州内避難民

結局、保養施設の取材は不可となった。島を離れて、新たに調べて見つけた避難民の支援拠点へ向かう。この街でもガソリンスタンドには長蛇の列ができている。市内の中心部から少し先の展示施設「コサック・パレス」が目指す支援拠点だ。

体育館のような箱形の建物に近づくと、駐車場に二〇〇人程が並んでいた。パンなどの支援物資が無料配布されている。列で待つ人々の性別、年齢はさまざまで、ペットの犬を連れた人も。彼らの多くはザポリージャ州内のロシア軍占領地域から逃れてきたという。

ビクトル助手が「マリウポリから来た人はいませんか?」と大声で呼びかけるが、手を挙げたのは数人だけ。いずれも口数少なく、取材は言下に断られた。ならば、州内からの避難民にまずは話を聞いてみよう。

ザポリージャ州は、一四年から紛争が続くドネツク州の西隣に位置し、今回の侵攻前から戦争の気配に近いエリアだった。ドネツク州とクリミア半島をつなぐ一帯に含まれ、ロシア側にとっては戦略的に重要だ。そのため、既に州の半分以上が占領され、欧州最大規模のザポリージャ原子力発電所も制圧されている。

州南東部ベルジャンシクから逃れたというアレクサンドル・エブドキメンコ（二六）は、快く取材に応じた。彼の故郷はアゾフ海に面した港湾都市で、マリウポリからは七〇キロ程しか離れていない。

「彼ら（ロシア兵）は戦争開始から数日後の二月二八日に私の街へ侵入しました。最初は小グループで来たが、街にはウクライナ軍も地域防衛隊もいなかったので戦闘は起きなかった。ロシア兵はやがて大挙して市内に入り、抑圧が始まりました。スーパーマーケットを閉鎖させ、人道支援も入れず、モノの値段が高騰していきました。最寄りの村から牛乳とパンは届いたのでまだ救われた。穀類やパスタはなくなるか、以前の四倍に跳ね上がったのです」

ロシア軍部隊はキーウ近郊のブチャでは占領下で民間人を次々殺害した。ベルジャンシクではそれとは異なる挙動があったようだ。前述の通り、ザポリージャ州の特に南部はロシアにとっての戦略的重要性が高い。また、この地域にはロシア語を母語とする住民が多い。長期的な占領やロシア領への編入強行までをも意識し、過度な残虐行為は控えたのだろうか。それとも単に指揮官のタイプや部隊の違いなのだろうか。

スーパーの従業員だったエブドキメンコは店の閉鎖で仕事を失った。「占領当初はまだお金があった。しかし、失業して物を買うのも難しくなったので街を出ることに決めたのです」。父親は職業軍人のため家を空けていた。母親と妹を連れ、四月二日に車で脱出したという。道中、全焼した乗用車や大破した戦闘車両、砲弾の破片などが転がっており、恐怖を感じた。夜間通行禁止の地域もあり、州都ザポリージャには翌日遅くにたどり着いた。前線で戦う父の代わりに家族を守らねばという一心だった。「この戦争は非常に恐ろしく、そして間違っています。一体なぜ勃発したのか。不必要な戦争によって両国の人々が死んでいく」

若い女性にも話を聞いた。家族と列に並んでいたアナスタシア（一七）は、ザポリージャから南へ約三〇キロと近いステプノヒルシクから避難している。彼女は戦火を経験した。「私たちはステプノヒルシクのワシリエフ地区から来ました。地元には三つの小地区があり、一つの地区にロシア軍部隊が陣取り、別の地区にはウクライナ軍部隊。私たちが住む小地区は両軍に挟まれてしまいました。地下室に避難したけれど、砲弾が飛び交う音は激しかった。多くの家が爆撃され、学校も被害を受けた。支援物資は届かず、電気の供給は断続的で、水道やガス、インターネットは途絶しました。交通機関は止まり、ガソリン不足もあって脱出は大変でした」

彼女たちは四月八日ごろ、知人の車で避難した。死地から離れて一カ月近く経ったためか、話し口調はあっけらかんとしている。

——ロシアについてどう思う？

「それについては話さないようにしています。私は政治に無関心です」

——ウクライナには「最後まで戦う」と誓う人たちがいる。

「それは彼らの選択です。他人の意見に影響を与えることはできません。誰もが自分で選ぶ権利があります」

——ロシアと今後も仲良くしていくことは可能？

「はい」

——この戦争は誰のせいだと思う？

「誰のせいでもない。これは政治的な問題です」

彼女は、親露的とまでは言えないものの、ロシアの侵略下の国においてはやや珍しい姿勢を示した。

もう一人、地元では図書館職員だったという女性インナ（五九）にも声をかけた。彼女は故郷の町がどこかは言わなかったが、「住み続けるのは困難だった」とため息交じりに語った。町を占拠したロシア兵はどんな様子だったのか。

「彼らが家々を調査に回り始めたので、最近は怖かったです。彼らは「何も奪わず、嫌がらせもしないから心配しないように」と言いました。掲げる旗の違う部隊が次々やって来て、普通に話せるロシア兵もいれば、そうでない人もいた。ロシア人と他民族の部隊とは仲が悪い様子でした。やがて彼らは駐屯司令部を設け、住民向けに規則を作り、通行証を発行し始めた。私の家は交差点に面していて、しょっちゅう軍用車両が行き交っていた。そのストレスに耐えられなかったので、あそこを去ることにしました」

――ここは安全だと思う？

「はい。ここでは私は自由です。もちろん、心配で泣くこともあります。家に帰りたい。でも、向こうは何が起きるか分からない。ロシア兵は酔っ払って、女性に絡むこともあります」

彼女も避難から一カ月が経ったところだ。海外に滞在している知人のアパートを借りて暮らす。

「この戦争はプーチンに責任がある。ロシアのせいです。私はかつてロシアに対して良いイメージを持っていました。しかし、今、彼らの発言に驚いています。テレビから流れるすべてを信じる愚かな民族です」

インナが自宅へ戻れる日はいつになるか分からない。憤りをあらわにするのも当然だろう。戦火や占領を逃れた彼らにとって、時間が経過しても再就職など生活再建のメドは立ちづらい。避難民は日々増え、支える行政やボランティアの負担は重くなる一方だ。

†先行の占領地クリミア

侵攻開始以来、ウクライナ南部のヘルソン、ザポリージャ両州や東部ドンバスの政府側支配地域では広範なエリアが攻め落とされ、ロシア軍と親露派武装勢力に占領された。こうした占領地では何が起き得るのか。先行事例として、一四年からロシアの実効支配が続くクリミアの状況を知っておくべきだろう。現地では、多数派のロシア系を中心とした親露派住民は一定の満足をしているとみられるが、先住民族クリミア・タタール人ら占領反対派は弾圧を受けている。その実態について、私は二月のウクライナ入りに際して、クリミア・タタールを代表する二人から話を聞いていた。いずれもロシア侵攻数日前のインタビューだ。

クリミア・タタール人の民族組織「メジュリス」の本部（キーウ）で取材したのは、一三年から議長を務めるレファト・チュバロフ（六四）。メジュリスは一四年の危機に際してロシアのクリミア編入強行に反対した経緯がある。そのため、ロシアからは「過激派組織」に指定されている。

「この八年間にロシアはクリミアの駐留部隊を増やし、ソ連時代の十数の軍用空港も修復して、半島を軍事要塞に変貌させた。占領に反対する市民は弾圧して追い出してきた」。チュバロフはこう指摘した。今回の侵攻でロシア軍はクリミア半島をウクライナ本土への攻撃拠点とし、半島に接するヘルソン州とザポリージャ州の占領を進めた。

「クリミアを支配するロシアの当局はソ連時代よりひどい。プーチン体制への忠誠を常に要求し、占領を受け入れない者をおびやかす。クリミアは恐怖の半島に変わり、閉鎖的な社会となった」。一四年三月の編入強行（占領）後、やむなく半島から逃れた市民は約六万五〇〇〇人に上るという。このうち約三万人を占めるクリミア・タタール人は第二次大戦中の一九四四年、「敵性民族」と疑うソ連政府によって中央アジアなどへ民族ごと強制移住させられた歴史がある。過去の経緯からロシアへの不信感が強い。

このため半島を牛耳るロシアの占領治安当局は彼らを目の敵にしてきた。チュバロフによると、二二年二月時点でクリミアではクリミア・タタール人を中心に一二〇人以上が拘束されているという。その多くは一方的な裁判を経て、ロシア国内の刑務所に収容される。でっち上げられた罪状は「テロ組織への参加」や「破壊工作の実行」といったものだ。

チュバロフは「ロシアはクリミアの貴重な自然も破壊してきた」と訴えた。軍用目的の道路や住宅の建設に際し、長年守られてきた自然保護地区や地形の保持を無視しているという。ウクライナ本土との分断で運河の水が不足するようになったため、地下水脈の水をくみ上げて大量に使い、塩害も招いてきたとされる。

チュバロフは、ロシアのクリミア編入強行の際に中途半端な対応しか取らなかったとして、米欧や日本の対露姿勢についてこう批判する。

クリミア・タタール人の民族組織「メジュリス」の議長、レファト・チュバロフ（キーウ、2022年２月18日）

「文明世界は、ロシアが国際法の枠内へ戻るように強いる必要があった。プーチン大統領は対話ではなく戦争志向の人物だ。多くの人はそのことを理解していない」。人口約三〇万人の少数民族のリーダーが繰り返し発していた強い警告は国際社会に十分届かず、ロシアはウクライナに全面侵攻した。

もう一人、電話で話を聞けたのはウクライナを代表する歌姫ジャマラ（三八）だ。

ソ連のスターリン時代に故郷を追われたクリミア・タタールの苦難を歌った「一九四四」で知られる。彼女はこの曲を歌い、欧州最大級の国別対抗音楽祭「ユーロビジョン」で一六年に優勝を果たした。彼女自身、中央アジアのキルギスで生まれ育ち、家族でクリミアに帰還したのは九〇年ごろのことだった。インタビューにはウクライナ語で応じた。

「ウクライナではクリミア・タタール人への関心が（一四年の）占領以来高まったと思います。残念ながら、みんなが関心を持つようになった時には、私たちは故郷を失っていたのです。クリミアには私の両親やきょうだい、いとこたちが残っています。あそこを離れるのは、みんなにとって簡単というわけにはいかないから。両親は中央アジアで育ち、青春時代をかけてクリミアへ戻ったのです。私たちにとって故郷への帰還は非常に大事でした」

ロシアによる編入強行によって半島と本土との往来は閉じられ、家族は分断された。

「両親は私と会えず、孫である私の子供たちとも会えません。つらい状況です。それでも故郷に残っているのは、彼らなりの沈黙の抵抗なのです。私はもう大分前から故郷を訪れたいと願っている。向こうで祖父が亡くなったが、駆けつけられなかった。二人の息子が生まれた後、彼らに私の実家を見せたかったが、実現できない。心を乱されますが、私にいったい何ができるでしょう。世界にとって、こうしたことが「どうでもよい」とならないのを願うばかりです」

——あなたにとってクリミアとは？

「故郷であり、根っこです。それによって創作意欲をかき立てられます。クリミアを知らない人もいるでしょう。島のような半島で、クリミア・タタール人という揺るぎない民族が暮らしてきました。自らの歴史と伝統を築いてきたのです。ロシアは帝政時代からずっと私たちを追い出そうとしてきた。

クリミア・タタールは米国の先住民と似ています。自らの故郷にいながら、自分たちの居場所を探さなければならない。ここに生まれ、他に故郷を探す必要などないと常に証明してきたのです。クリミアは興味深い土地です。山あり、海ありで自然も気候も素晴らしい。だから、ここは常に戦いの舞台となり、私たちは厄介者扱いされてきた。

普段、私たちはよその国をとても遠くにあるものと感じます。しかし、世界は思っているより小さく、私たちは思っているよりお互いに近い。だから、私たちの国や歴史、痛みに関心を持ってくれることには感謝しかありません。もし、あなた方が私たちの痛みに無関心でないなら、私たちもあなた方の痛みに無関心ではありません」

ロシア占領下のクリミアで起きているのは、反対者への徹底した弾圧や追放であり、家族の分断、故郷の喪失だ。占領初期には拉致や殺害事件も起きた。こうしたことが、ヘルソン州など新たな占領地域でも繰り返されると容易に予想できた。

†避難民支援センター

ザポリージャでの取材に戻ろう。コサック・パレスでの州内避難民の取材を切り上げ、再び移動する。パンやケバブを売る店で手早く昼食を済ませた。午後に入ってポカポカ陽気となり、街中は人と車でそれなりに活気がある。ただ、前線に近い都市だけあって休業中のレストランや商店も少なくない。

改めて調べると、マリウポリからの避難民はザポリージャ郊外に仮設された支援センターで受け入れられていると分かった。工業地区と戸建ての住宅街を車で抜け、さらに進むと目指すショッピングモールが見えてきた。この駐車場に支援センターの大型テントがある。

到着して見回したが、人影は少ない。本当に避難民はここへやって来ているのだろうか。支援スタッフを見つけ、状況を説明してもらおう。市の家族・青年スポーツ部専門職員のデニス・クニシュ（三二）が手慣れた様子で全体を案内してくれた。

センターは三月中旬から稼働しているという。避難民に応急手当や軽食を提供し、その後の避難先の割り振りもする。到着した人々は全員、最初に保安措置として警察のチェックを受ける決まりだ。ロシア側の工作員が紛れ込むといった事態を警戒しているのだろうか。続いて行政のリストに登録される。

大型テント内にはテーブルが並び、スープなど暖かい食事をとることができる。用意された衣類や子供のおもちゃは自由に持っていって良い。女性や子供の衛生用品、ペットフードも用意されている。クニシュは「私たちは〝小さな友達〟のことも忘れません」とほほ笑んだ。モール内にはカフェを転用した応急処置室がある。

「当初、主にマリウポリでの砲撃被害で負傷した人々が大勢やって来ました。私たちは彼らを市立病院へ移送した。マリウポリから来た人たちの多くは心理的に厳しい状態で到着します。子供たちも少なくありません。電気や通信など生活インフラがすべて破壊された中、地下室に一カ月以上も隠れ、雨水を飲み、たき火で調理していたのです。

避難民が途中の検問で五日間とめられ、どこへの移動も許可されないケースもありました。そして、ロシア軍は避難民を「人間の盾」にした。ロシア兵は彼らの後ろ側から発砲したが、ウクライナ軍は前方に市民が乗った車が何台もあったので撃ち返すことができませんでした」

激戦地での生活も、そこからの避難も命からがらだった。この支援センターにはマリウポリで文字通り「最後の砦」となったアゾフスターリ製鉄所の地下にいた市民も到着している。備蓄の食料や医薬品も尽き、過酷な籠城生活だったはずだ。

「五月三日にアゾフスターリ製鉄所から最初の避難バスが来ました。到着した九五人の多くはお年寄り、女性、そして子供だった。ここへ来るまでには二十数カ所の検問があり、いちいち停止させられるので非常に長い時間がかかった。みんなとても疲れていて、自らの体験を話し始めると涙を流した。何かを尋ねるのは非常に難しく、心理カウンセラーが対応しました。

アゾフスターリのようなソ連時代に造られた大規模工場の地下には、非常に大きな防空シェルターがあります。製鉄所にいた人たちはずっと地下に隠れていなければならず、外の様子はほとんど見ていません。彼らが出てきたとき、「人道回廊」が開設されて銃撃、砲撃は一時やみました。製鉄所から避難した中には、ロシアへ連れて行かれた人もいるとの情報があります」

支援センターで働く心理カウンセラーのナタリア・アチューシェワ（四五）にも話を聞いた。仕事柄なのか、柔らかい雰囲気をまとった女性だ。既に四週間にわたってここに詰めているという。

「避難民は心理的サポートを求めて私のところへやって来ます。主には女性と子供です。彼私たちはストレス、不安、パニック発作といった初期症状の除去に取り組んでいます。彼

アゾフスターリ製鉄所（マリウポリ、2014年９月14日）

らの多くは厳しい環境の地下室や防空壕で長い時間を過ごしました。水道水や衛生用品がなく、何週間も体を洗えないのは大変でした。

こうした環境下、母親が子供たちに何が起きているのか、どう振る舞うべきなのかを説明するのは困難でした。多くの母親は、自分の子供を助けるために自分自身を駆り立てる必要があったと言います。動揺せず、落ち着いていなければと。ここへ来ると、ヒステリーを起こしたり、泣いたりするケースがあります」

大人一人が生き抜くのも厳しい状況で、子供を抱えた親たちの苦労は並大抵ではなかったはずだ。死地から逃れたとき、緊張の糸が切れるのは当然だろう。

「私たちには二〇一四年以来、ドンバスからの避難民に対応してきた経験があります。最初の心理的支援は、あなたは安全な場所にいると伝えること。次に、食料や水などすべての基本的なニーズを満たします。そして生活の場を提供します。お母さんが少し落ち着いたら、子供も落ち着くので幼稚園に行かせます。その後も放置はせず、市の心理支援部門がサポートします」

アチューシェワは少し表情を曇らせて話を続ける。「子供への影響はもっと深刻です。彼らが今、落ち着いていて何の兆候を見せていなくても、問題がないことを意味しません。奥深いトラウマがあるかもしれない。彼らの内側に他者や自分自身への攻撃性が秘められているかもしれない。これは、親しい人を失ったローティーンの世代にはっきりと現れる傾向です。

彼らは自分自身を責めます。「家族を助けられなかった」とか「私が避難したから、家族にあんなことが起こった」とか。自傷行為も存在します。大事なのは、これらの感情を分類して認識し、受容できるようにすること。この攻撃性が平穏になった後の暮らしにまで継続しないよう、対処する必要がある。将来、彼らも父親や母親になります。ネガティブな経験を克服できるようにさせたい」

戦争という巨大な災厄は目に見える破壊や流血のほかに、人々の心に深い傷を負わせる。大波のように人々をさらい、人生を狂わせていく。心理カウンセラーであるアチューシェワは、小さな防波堤になろうと努めているようだった。

†元軍人の避難男性

私が支援センターの説明を受けている間に、ビクトル助手はマリウポリから避難してきたばかりの男性に声をかけていた。取材に応じても良いという。テント内でぽつんと食事をとる小柄な男性は疲れを隠さず、何とも言いようのない暗さを身にまとっている。向かい側に腰をかけて、まず名前を尋ねた。

「私は元軍人です。名前を出すことで万一、誰かに害が及ぶといけないので、ここではアレクサンドルと名乗ろう」

アレクサンドルは五六歳、家はマリウポリ西部にあった。彼はいったん口を開くと案外、多弁だった。ようやく安全地帯まで逃れて、ほっとした思いがそうさせるのかもしれない。

——ここまでどうやってたどり着いた?

「距離はおよそ二〇〇キロ。四月一七日に出発して、今朝(五月六日)ここに到着しました。マリウポリから南西のメレキノまでの一五キロは歩いた。そこから地元の運送業者がベルジャンシク(ザポリージャ州南東部の港湾都市)まで運んでくれた」

実に二〇日間の逃避行だったという。どうやら途中では身動きが取れない日もあったようだ。平時であれば、マリウポリからザポリージャは車で三時間半程の道のり。だが、戦時下のことである。ロシア軍の占領地域では数多くの検問を越えなければならず、交戦地域を避けて海沿いに遠回りする必要もあった。

「ドネツク人民共和国の検問では、私の手が震えていたのを何か緊張しているのではないかと疑われた。実際のところ、手押し車をずっと引いていたからそうなっただけだ。

また、ある検問では、身分証明書の写真が実際より少し太っていると言われた。もちろん、マリウポリでの二カ月の〝ダイエット〟のせいだ。馬鹿馬鹿しい。唯一、彼らがウクライナ軍人データベースのリストに私を見つけなかったのは幸運でした。そうでなければ、私は脱出できなかった」

軽口を交えつつもアレクサンドルの表情は硬い。実際、もし元軍人と看破されていたら親露派支配地域かロシアの収容所へ連行されていた可能性が高い。

移動の終盤は、同じザポリージャ州のベルジャンシクからワシリウカまで、「奇跡的に車で連れて行ってくれる男がいた」。ワシリウカからザポリージャまでは北へ約五〇キロ。ただし、ロシア軍とウクライナ軍が対峙する前線を通過する必要がある。アレクサンドルはそこを徒歩で抜けたという。

「検問では愚かなロシア兵がいたので急いで通過した。別の検問では何人かのチェチェン兵が立っていたが、チェックされなかった。幹線道路に入り、他の誰にも会いませんでした。ウクライナ軍の軍人たちも、こんな脱出が可能とは信じなかった」

中には人間味のある対応をするロシア兵もいた、と振り返る。

「ある検問では撃たれるかと思ったら、そこにいたのは良い連中だった。軍用糧食を分けてくれたのです。あれはまずくなかった。私はそこまでの二日間、何も食べていなかったので救われた。一人のロシア兵は大勢の仲間がマリウポリで戦死したと嘆き、家に帰りたいと漏らしていた」

ウクライナではほとんどの人がロシア語を解し、東部や南部では母語とする人が多い。その気さえあれば双方が「敵」と同じ言語で通じ合えるのが、この戦争なのだ。

アレクサンドルは続けて、皮肉に話を転じた。「彼ら〝文明国家の文化人たち〟はウクライナでは田舎の村でもすべての家に洗濯機と水洗トイレがあるという事実にショックを受けていた。そして、農村にもアスファルト道路があることは、彼らの想像の範囲外だった」

洗濯機や田舎の舗装道路を巡ってロシアの開発途上ぶりを見下す話は、キーウ近郊のブチャでも耳にした。世界一広大な国土を持つロシアでは、シベリアの奥地など開発が行き届かないエリアが少なくないのは事実だ。モスクワなど大都市との生活格差は想像を絶する。この話題については、ロシアでウクライナを蔑視する人々が多いのと裏腹に、ウクライナではロシアを下に見る人がかなりいることを押さえておきたい。背景として、ウクライナからすれば、自分たちの方がロシアよりも歴史が古く、また、現代の生活文化は西欧先進国により近いという自負があるのだろう。

†マリウポリのジェノサイド

アレクサンドルの話に戻る。彼は激戦地マリウポリで何を見たのか。

「ロシア軍は巨大なローラーのようでした。それが街の上を転がり、何もかもを押しつぶす光景を想像して欲しい。一抹のためらいもない。空爆、ミサイル、各種の爆弾が住宅へ降り注ぎ、やりたい放題だ。彼らは住宅に軍人はいないと知っているが、屁とも思わない。これはまさにジェノサイド（大量虐殺）です。

アゾフ大隊やウクライナ軍について言われている非難は全部たわごとだ。市街戦は民間人の犠牲を意味することは理解できる。だが、誰がロシア軍を招いたというのか？　もし彼らがいなければ、戦争はなかった。問題は、なぜロシア軍がマリウポリにこんなにも早く侵攻し、包囲したのかということだが、それはまた別の話……」

元軍人の彼は憤りを込めて語気を強めた。アゾフ大隊は内務省傘下の戦闘部隊である

（追って詳述する）。最後の疑問については、ウクライナ側の内通者の存在を示唆しているようだ。

――マリウポリでは地下室に避難していた？

「私がいたのは街の外れで、最初に防衛戦が始まったあたりです。地下室にもいたが、主には塹壕にいました。侵攻が始まった二月二四日、私は地域防衛隊の防御陣に加わっていた。そして家々の間を走り回って、銃を撃った。だが、徐々にウクライナ側は押され、弾薬は尽きていった。四月一二日ごろにすべてが終わり、仲間は三人しか残らなかった。分断され、通信も断絶され、居残るのは無意味となった」

軍務経験のあるアレクサンドルは地域防衛隊の一員として、マリウポリの防衛戦に加わっていたのだという。劣勢の果てにゲリラのようになり、その抵抗もついえた。そして脱出を決意したというわけだ。

――その間の生活はどのように？

「みんなで私の家に隠れていた。家は大きく、半地下部分が防空壕代わりになった。それで助かった。高層住宅の地下室での避難を避けられたのは幸運だ。ああいった場所には数十人がいて、湿気があって寒くて暗い。

我が家の近くには泉があって、そこから水を得られた。食料事情は厳しかった。隣人たちとリュックサックを背負って破壊された住宅に入り、食べ物を探すはめになった。もちろん生き抜くために。家々では穀類をいくらか見つけることができた。破壊された倉庫では、タバコを二カートン見つけた。タバコ一箱がガソリン一リットル、小麦一キロといった具合で何にでも交換できた。私のところにいた隣人の中には高齢の女性も三人いた。一人はけがをしていたが、治療できる人は誰もいなかった」

刑務所の中でタバコが物々交換の通貨代わりになるといった話はたまに聞く。ぎりぎりの戦時下の街でも嗜好品の価値は高く、アレクサンドルたちが生き抜く助けとなっていた。

私はドンバス紛争の取材で一四年九月と一七年二月の過去二回、マリウポリに行ったことがある。ドネツク州の南部に位置する人口約四〇万人の工業港湾都市で、黒海の奥のアゾフ海に面している。ドンバス地方と称されるドネツク州と周辺は広大な炭鉱地帯。マリウポリは地元の石炭を生かした「鉄の街」として発展した。そして地中海へとつながる海運の一大拠点でもあった。

マリウポリへ近づくと、要塞のような巨大製鉄所の煙突から白い煙が立ち上っているのがまず目に入る。古びた路面電車が走り、緑豊かな街並みが印象的だった。海岸へ出ると、アゾフ海が陽光にきらきらと輝き、散歩する家族連れや釣り人でにぎわっている。遠景には港の荷役クレーンや工場の煙突が見えた。

一四年春以降、親露派武装勢力が州都ドネツク市など州内の約三分の一のエリアで実効支配を進めた。このため、ウクライナ政府側支配地域の主要都市であるマリウポリへ逃れた市民も多かった。また、親露派支配地域に暮らす人々が検問を越えて、行政手続きや買い出しに訪れていた。親露派を介したロシアとの紛争の前線都市という側面もあり、街では防空壕の案内表示が目につき、軍用車も頻繁に行き交っていた。

一四年の取材時、ウクライナ政府軍を支援する民間組織「マリウポリ防衛本部」のロマン・ソコロフ代表代行は、街の将来についてこんな予想を語っていた。「もしウクライナが欧州連合（EU）の一員となれば、展望は大きく開けます。我々には海があり、産業があり、農地もある。だが、もしロシア政府の支配下に入ったら、国際港の機能は停止するでしょう。鉄鋼製品の輸出もできなくなり、工場は操業停止となる。鉄の街に貧困と犯罪がはびこるでしょう」

それから八年。マリウポリは世界が見つめる中で徹底的に破壊された。

†チェチェン紛争、シリア内戦との共通点

ロシアによる都市への無差別攻撃については、過去のチェチェン紛争やシリア内戦で用いられた戦術との共通点が指摘されている。それは、都市を包囲して打撃を加え、食糧な

ど物資の補給を断ち、住民が避難するための「人道回廊」にまで攻撃を加えるという苛烈なものだ。市民の犠牲を「でっちあげ」などと主張するのも手慣れている。一九九九年勃発の第二次チェチェン紛争では、チェチェン共和国の首都グロズヌイが「地球上で最も破壊された都市」（国連の表現）と化した。ロシアが一五年にアサド政権を支援するため軍事介入したシリア内戦では、反体制派が拠点としていた北部アレッポが無差別攻撃の末に制圧された。

私は二〇二〇年一二月、アレッポ包囲戦を生き延びたシリア難民にトルコ南東部ガジアンテップで取材した経験がある。包囲戦は一六年の夏から一二月まで続き、昼夜休みない砲撃と空爆の猛攻で大勢の市民が死亡した。アレッポ陥落で約三万五〇〇〇人がバスなどで脱出を余儀なくされた。地元で約二五〇年続く旧家出身の元学校教師、ヒシャーム・エスカフ（四三）もその一人だ。彼は言った。

「当時、私は通信アプリのメッセージを読むのが怖かった。毎日、友人の誰かが亡くなっていたからだ。政権が私たちをあんな風に殺しにかかるとは思いもしなかった。世界の人たちはこの虐殺行為を眺めつつ何もしなかった」

グロズヌイやアレッポのように無差別攻撃を受けたマリウポリはどう変わってしまったのだろうか。アレクサンドルは端的に答える。

「もはやマリウポリには何もない。一からすべて再建する必要がある。市内の電線はどこも切れ、水道もガスもない。ロシア軍は一トン超級の大型爆弾も投下し、爆発で巨大なクレーターができている。住宅はトランプで組み立てた家のようにペチャンコにつぶされた。焼夷弾も落とされた。すぐには理解できなかった。花火のように落ちてきて、その後、燃え始める。

ロシアの戦車は、住民の遺体だけでなく、自軍の負傷兵や死んだ兵士の遺体も踏み潰していった。私はそれを自分の目で見た。そんな奴らが一般市民にどう接するだろうか。色々な種類のロシア兵を見たが、市内でチェチェン兵は見ていない。主にロシア人とドネツク人民共和国兵が戦っていた。チェチェン兵は後からやって来て、自分たちがすべてやったと自慢しているだけだ」

鉄の街マリウポリでウクライナ側の最後の砦となったのは、アゾフスターリ製鉄所だ。

「今あそこにいる人たちは、信じられないほど厳しい状況にある。湿っぽい地下にいて、備蓄食料も弾薬もほとんどなくなっているはずだ。戦争が起きるまで、市民は誰もあそこに避難するなど考えもしなかった」

†マリウポリの親露派住民

ドネツク州などで状況を複雑にしているのが、親ロシア派の住民の存在だ。ウクライナの東部や南部にはロシア語を母語とする人が多く、ロシア系住民も多いことは統計的事実だ。だが、これまでも述べたとおり、「ロシア語話者やロシア系住民はみんな親ロシア派」と考えるのは大きな誤りである。定義にもよるが、確信的な親露派住民が過半という地域はほとんどなかったはずだ。ロシアとのハイブリッド戦争が始まった一四年以降、親露派武装勢力の支配地域を除いては漸減傾向にあったとみられる。一方で、少数派であっても親露派住民が存在していること自体は厳然とした事実である。この点について、アレクサンドルに尋ねた。

――直近もマリウポリに親露派住民はいた?

「今に至っても、完全にいかれている人々がいる。ロシア野郎に自分たちの家を破壊されたのに、ロシアはすべて正しい行為をしたと信じています。手の施しようがない連中だ。街を空爆したのはウクライナ側の軍用機だったなどと、どうして言えるのか。

親露派住民は三〇%はいるかもしれないが、正確には分からない。彼らは避難先から(ロシア軍占領下の)マリウポリへ戻りつつある。そうさせてやればいい。親露派住民があそこで早く死ねば死ぬほど、すべてが早く終結する」

アレクサンドルは吐き捨てるように言って、前のめりになった。

「彼らは、マリウポリが爆撃されたのはアゾフ大隊のせいであると言う。これはウクライナ政府の大きな過ちだ。過去八年の間に親露派住民への対応を変えることができたはず。ロシアが好きな人々は多少強制的にでもウクライナから追い出していれば、少しはマシだったろう。

なぜ、国の中に馬鹿どもがいる必要があるのか。彼らは馬鹿ではなく、普通の人々だったかもしれないが、ロシアのテレビに洗脳されてしまった。一週間ずっと座って「ロシア・トゥデイ」を見れば、信じるようになってしまう。マリウポリには、一〇〇万人の中国人がやって来て新都市を建設してくれると信じる人までいる」

ロシア・トゥデイ（正式名称は「RT」）はロシア国営のニュース専門テレビ局である。メディア統制が強固なロシアの中でも特にプロパガンダ色が濃いチャンネルだ。ウクライナ東部や南部においては、元々ロシアに親近感を持っていた人を筋金入りの親露派に変える道具になったとみられる。

怒りの吐露は続いた。「ロシア野郎どもは「なぜ、あなた方は私たちを愛さないのか」と言う。馬鹿馬鹿しい。私なら「何を理由に愛すのか？」と答える。私には家も車もあった。だが、五六年間の人生が今や、この小さなリュックサック一つに帰結した。もはや他に何もない。プーチンは悪であり、ロシア人は戦争犯罪者です。彼に投票したロシア人は誰でも、裁きの場で彼の隣に座るべきだ。彼らは一つのロケット弾からどれだけの悲劇、何人の死者が出るかを想像しない。むしろ喜んでいる」

——プーチン大統領は、ウクライナのロシア系住民やロシア語話者を守ると言っている。

「マリウポリに〝解放者〟がついにやってきたことをみんなが笑っている。不動産から〝解放〟され、所有するすべてのものから〝解放〟されます。今、私たちは完全に〝自由〟だ。しかし、ロシアでは、本当にロシア軍が私たちを解放するために進攻したと大勢が信じている。八割が拍手喝采している。マリウポリでは誰にでも自分の物語がある。戦時下、子供に食事を与えたり、水を求めて外に行ったりするだけで、長いストーリーになる。プーチンのおかげで、私たちはホームレス生活のスキルを最大限に習得した」

アレクサンドルは両の拳を握り、怒りと皮肉を交えて話を締めくくった。

†プーチンが標的にするアゾフ大隊とは

元軍人のアレクサンドルが言及したように、マリウポリでは、ウクライナ軍と共に内務省傘下の戦闘部隊「アゾフ大隊」も抗戦している。元々は極右グループを中心に結成されたこの組織はネオナチ思想との関連性が指摘されることもあり、ウクライナの非ナチ化を掲げるプーチン政権にとって格好の標的となった。ここで、その実像をまとめておきたい。

アゾフ大隊の誕生は一四年にさかのぼる。ロシアによるクリミア編入の強行に続き、東部ドンバスでは親露派武装勢力とウクライナ軍の戦闘が始まった。この当時、ウクライナでは兵力が不十分な軍を補強するため、オリガルヒ（新興財閥オーナー）の資金拠出で民兵部隊が次々生まれる。極右グループを基盤として、ユダヤ系の富豪コロモイスキーらの支援で一四年五月に創設されたアゾフもその一つだ。アゾフは翌六月、親露派勢力からマリウポリを奪還した際の戦闘に参加し、当時のポロシェンコ大統領から「最高の戦士たち」と高く評価された。これ以降、大隊は同市を主な拠点として「連隊」規模に拡大した。ウクライナ国内では戦闘能力の高さを評価する声が聞かれた。

一方、アゾフには暗い影もつきまとってきた。人種差別的なネオナチ思想との近さだ。創設者のアンドリー・ビレツキー（四三）は北東部ハルキウ出身で元フーリガンの白人至上主義者と指摘されてきた。大隊は公式には「ナチスの思想を支持していない」と否定してきた一方、ナチス親衛隊が使った「ヴォルフスアンゲル」（オオカミのわな）と酷似した紋章を使用する。「かぎ十字」などナチスを象徴するマークを戦闘服やヘルメットにつけたり、入れ墨として体に彫ったりした隊員もみられた。一五年に大隊の広報担当者が「新規加入メンバーの一〜二割はナチス信奉者」と米メディアに語ったとの記録もある。

アゾフ大隊は一四年一一月に内務省傘下の国家警備隊へ編入された。それ以降、過激主義的なグループの排除や隊員の多様性を対外的にアピールしてきた。メンバーにはユダヤ教徒もいるという。しかし、国連人権高等弁務官事務所の一六年の報告書では、ドンバスにおける親露派武装勢力の人権侵害と共に、アゾフによる略奪や拷問についても記載された。一八年には首都キーウでパトロール中のメンバーが少数民族のロマや性的少数者を襲撃したと報じられている。

創設者のビレツキーは一四年に最高会議（国会）議員に当選し、表向きは大隊を離れた。一六年には共鳴する大隊出身者らと極右政党を結成したが、一九年の選挙で二・一五％しか得票できず、自身も落選した。ドイツ人研究者のアンドレアス・ウムランドは「欧州諸国の多くと比べると、ウクライナで極右グループは力を持っていない」と独メディアに話している。プーチン政権による「ウクライナの非ナチ化」の主張に関しては、一九年の大統領選で圧勝したゼレンスキーがナチスに虐殺されたユダヤ系でありロシア語話者でもあると指摘し、「ウクライナにおけるナチス主義の議論は完全に場違いだ」と反論した。

ザポリージャ州内の占領地域から避難してきた先のアレクサンドル・エブドキメンコ（二一六）も「民族主義者たちはどこの国でも少数いると思います。これは、何かを決定して実行できる程のグループではありません。ウクライナ全体をナチスと宣言することはナンセンス極まりない」と語った。市民の間ではこうした淡々とした見方や、アゾフの精強さに好意的な見方が多く聞かれる。

アゾフについては研究者やジャーナリストの間でも見方が大きく割れ、アゾフそれ自体が変化しているため、評価は難しい。米ワシントン・ポスト紙は、ロシアの侵攻を受けてウクライナは存亡の機を迎えたため、アゾフの新規加入者は「思想的にさらに多様になった」と指摘する。一方で、戦争が長引くと極右など過激主義者の国内での影響力が増す恐れがあると懸念する専門家もいる。実際、果敢に戦うアゾフへの評価は高まり、代弁者として振る舞う創設者のビレツキーは存在感を増した。今後、注視が必要かもしれない。

ただし、ネオナチについて言えば、ロシア側の状況も無視すべきではない。

ロシアは前身の旧ソ連が第二次大戦でナチス・ドイツに勝利した歴史を誇り、その記憶を国民統合の要としている。そのため、プーチン政権は今回の侵攻に際して「ウクライナをネオナチが支配している」と強弁し、アゾフ大隊をその象徴的存在として利用してきた。

具体的には、ロシア軍によるとみられる市民や民間施設への攻撃に関しても「現地のネオナチ部隊が実施した」と主張し、包囲する都市については「ネオナチ部隊が市民を人間の盾にしている」と訴えて避難が進まない責任を転嫁してきた。衛星画像や市民の証言から主張が虚偽と露呈しても、ロシア政府とその支配下のメディアは国内世論や海外の親露派層へ向けたアピールを続ける。

しかし、そのロシア国内でネオナチ組織が野放しにされてきたという事実もある。ワシントン・ポストはプーチン政権が白人至上主義の民兵組織「ロシア帝国運動」の存在を許していると報道した。この組織は過去にドンバスの親露派武装勢力を支援したほか、北西部サンクトペテルブルクで運営する軍事訓練施設にドイツなど欧州の極右主義者も受け入れていたという。ロシアの侵攻開始後、親露派指導者がネオナチ関連のワッペンをつけた戦闘員に勲章を授与する映像が親露派のサイトで公開され、後に削除されるという出来事もあった。

プーチン政権に近い民間軍事会社「ワグネル」にもネオナチ思想を持ったメンバーが含まれるとされる。ワグネルはロシア軍の戦力を補うため、ウクライナの前線にも投入されている模様だ。独メディアは、ドイツの極右勢力の間では、今回の侵攻でロシアとウクライナのどちらを支援すべきかで分裂が生じていると報じた。

†避難民支援の牧師

元軍人アレクサンドルの取材に入る前、私たちは支援センターに日本人らしき細身の中年男性がいるのに気づいた。思い切って話しかけると、彼は写真家の尾崎孝史だった。少し前からザポリージャで避難民取材を続けているという。市内での移動手段はこちらで買った自転車だ。立ち話しているうちに、マリウポリ避難民の脱出を支援する民間グループをよく知っていると教えてくれた。尾崎の快諾により、このグループの拠点まで案内してもらうことになった。自転車も積んで、彼は私たちのミニバンに同乗した。

市中心部へ戻り、さらに産業地区の外れへ進む。木々が生い茂る間に自動車整備工場などが点在し、数百メートル先の線路を越えれば広大な製鉄所がある。尾崎が「ここです」と指さしたのは、古ぼけた倉庫だった。手前で降りて建物へ歩いて行くと、いきなり砂利をはじきながら一台のワゴン車が前庭に滑り込んできた。車が停まると中年女性や高齢の男女、若い女性など六人が次々出てきて、迎えの人々と握手をしたり、歓声を上げたりと慌ただしい。「私たちを助けてくれて、本当にありがとう」と涙声が聞こえた。激戦地マリウポリを逃れた人たちがまさに今、この支援拠点にたどり着いたところだった。四月中旬の出発から実に一カ月弱の長く複雑な道のりだったという。午後の太陽にくっきり照らされた彼らの表情には疲れと安堵感とが入り交じり、感極まった様子だ。

やがて、黒いサングラスをかけ、自動小銃を持った短髪こわもての男性も車を降りてきた。オリーブ色のTシャツとジーンズ姿、防弾ベストを着け、首からは大ぶりの十字架をぶら下げている。格闘家のような雰囲気の彼こそが、この支援グループを率いる一人、牧師のゲンナジー・モフネンコ（五四）だった。彼らは一体どのような集団なのか。声をかけると気さくな様子で話し始めた。

「私はウクライナ軍の従軍牧師でマリウポリから来ました。戦争が始まってすぐ、私たちはマリウポリの孤児院から子供や女性を車で避難させました。侵攻してくるロシア軍の戦車と先を争うように街を逃れた。子供たちを安全な場所に連れて行った後、マリウポリに戻ろうとしたが、戦闘の前線にぶつかり、そこを抜けることができなかった。そこで、私たちはザポリージャにとどまり、この基地、人道支援物資の倉庫を作ったのです」

後で調べて知ったことだが、モフネンコは地元の有名人だった。マリウポリでプロテスタント系の教会を運営する傍ら、孤児やストリート・チルドレンの救済、麻薬反対運動など社会活動に注力した。宗教家として型破りの行動は時に批判を受ける一方、数本のドキュメンタリー映画の主人公にもなってきた。格闘技の経験もあるらしく、強烈な個性を放つ。戦時下では特に力を発揮するタイプかもしれない。モフネンコから現在の活動に関する説明が続いた。

「私たちは毎日、あちこちから届く大量の人道支援物資をウクライナ軍兵士と民間人の双方に配布していきます。牧師としての通行許可証を持って、砲撃をかいくぐって前線へも向かう。今朝も前線の兵士たちに食糧を送り届けた。その後、マリウポリから戦闘の最前線を越えて脱出したこの人たちを迎えに行きました。ひと家族は父親がウクライナ軍人の母娘。あの若いお嬢さんは彼氏がアゾフスターリ製鉄所で戦っている。それから、老夫婦も。彼らは地獄からまっすぐにこちらへ来たのです。

我々はマリウポリから少しずつ人々を連れ出している。すでに一二〇〇人以上を脱出させた。支援チームの人数？　数えるのは難しい。大きなチームです。牧師たちのほかに、物資の受け取り、仕分けを行う大勢のボランティアもいます」

ボランティアにはマリウポリを脱出した若者たちも多く含まれ、地元の仲間という意識が強い様子が感じられた。

さて、避難してきたばかりの六人は倉庫奥の居室に案内され、ハンバーガーなどの食事を供された。少しほっとした様子を見せつつも、この先どうなるかについての不安は尽きないようだ。顔には笑顔が見られない。モフネンコらは一緒に食べながら、今後についての相談や質問に応える。

「国内移動の電車チケットは手配する。今日はここに一泊すればいい……。厳しい経験をした後はよく寝ることをお勧めします。戦争が始まって以来、私は全然眠れない……。心配しないで。すべてうまくいくでしょう。最も重要なことは、生きていて健康であるということです……」

励ましに避難民の緊張は少しずつほぐれ、モフネンコと抱き合って改めて感謝を伝えていた。食後、車に残した荷物を取りに前庭へ出た避難民たちに、モフネンコがくだけた調子で呼びかける。「マリウポリが奪還され、みんなで街に戻ったらバーベキューをしよう」。間髪入れず、「最高！」「そうしましょう！」と声が上がった。

†マリウポリを生き延びた避難民母娘

ロシア軍によって徹底的に破壊されたマリウポリ、そこを生き抜いた人々の物語を記録したい。六人のうち数人にインタビュー取材をお願いした。高齢の夫妻には「疲れているから」と断られたが、女性三人が応じてくれた。まずは会計士のエレーナ・アバルマソワと一八歳のワレリヤの母娘。四十代と見えるエレーナは、ぽっちゃりとした丸顔で黒髪をショートカットにしている。ワレリヤは金髪をポニーテールにまとめ、健康的な雰囲気がある。二人は目鼻立ちがよく似ていた。母親のエレーナが戦禍と非日常の暮らしを、堰を切ったように語り始めた。

「私たちの共同住宅はマリウポリの臨海地区にあり、近くで戦闘が長く続きました。侵攻が始まった二月二四日、家の地下駐車場に避難しました。二つある駐車場に全部で九六人

（左から）マリウポリ避難民のワレリヤとエレーナの母娘、リナ・ボルボレワ、支援したゲンナジー・モフネンコ牧師（ザポリージャ、2022年5月6日）

がいた。そこは安全だったので、四月一〇日の脱出までずっといました。娘は焚き火のおこし方を自分で覚え、毎朝、砲撃の下で薪を集めました。私たちはしばらく、焚き火にあぶって手を消毒し、体の臭いもそれで何とかしていました。

娘はマリウポリの医療専門学校に通っていました。だから、初めはボランティアとして病院へ手伝いに行こうと考えたのですが、「やめた方がよい」と断られました。そこで目にすることについて相談できる心理カウンセラーがおらず、経験のない学生は頭が変になってしまうからと。また、病院で働くとしたら住み込みになり、私たちは離ればなれになるところでした。

　市内には井戸が三つ。水を取りに歩いて行くのは非常に危険でした。常に弾が飛んでいて、道路には水のために外へ出て殺された人々の遺体が転がっていた。それを目にするのは恐ろしかった。同じ住宅に暮らすある女性は息子が路上で射殺されたけれど、遺体を回収しようとして自分も負傷したので諦めざるを得なかった。私たちが住む九階建て住宅も五回攻撃を受けました。最初の二回は玄関口、屋上に二回、それからボイラー室に。攻撃ですべての窓ガラスが割れ、ドアは吹き飛ばされた。爆発の衝撃で亡くなった人たちもいます。彼らは腕や脚を引きちぎられ、出血多量で死んでいった。

ウクライナ軍の将校の妻が私たちの共同住宅に住んでいたため、当初、兵士たちが助けてくれました。彼らがマットレスを運び入れてくれなかったら、駐車場で凍死していたでしょう。食べ物や薬も持ってきてくれたので病気にならずに済んだ。とても感謝しています。彼らは「助けが来る。何もかもうまくいくだろう」と言って希望を与え、私たちはそれを信じていた。

けれど、最後の方に来た若いウクライナ兵たちは疲れ果ててもう何も言わず、子供のような顔と目をしていた。とても気の毒に思い、私たちはここにとどまって休むよう言い、民間人の服装に着替えて逃げるよう頼みました。彼らは一晩を過ごし、着替えて去りました。生き延びていることを本当に望んでいます。

地下駐車場では寒さが厳しい二月、三月の間は足がひどく凍え、青褐色になって痛むので眠るのもつらかった。凍傷のあざはまだ消えていません。それから、飲んでいた水の質はとても悪く、誰もがお腹を壊しました。隣の建物が焼け落ちたので、そこの人たちも私たちの地下駐車場に合流し、みんなで調理し、水を運び、一緒に寝ました」

「死」がすぐそこまで迫る暮らしだった。エレーナは時々深く息を吸いながら、のめり込むように、きっぱりとした口調のロシア語で話す。災いは戦火だけではなかった。そして、ロシア軍の占領も始まる。

「略奪行為が激しく、戦争よりも怖かった。戦争には少しずつ慣れていき、爆発も飛行機も恐れなくなる。けれど、隣人から命を奪われる可能性があるのは恐ろしいです。戦争があると人々はそんなところまで落ちてしまう。とても怖いです。劇場の空爆？　それについては後で知りました。爆発は絶え間なく、よく眠れませんでした。常に緊張の中にいました」

——ラジオなどで情報は得られた？

「いいえ、まったくつながらなかった。情報入手の手段を奪われ、外部に連絡する方法も一切なかったのです。同じ市内に住む母が生きているかも不明でした。無事だったことは後で分かった。（ロシア軍のマリウポリ占領後に）「フェニックス」（親露派支配地域の携帯電話会社）回線の携帯から電話をかけさせてくれるよう、ある女の子に頼み、それでようやく知ったのです。人々は自分のＳＩＭカードから電話をかけさせるためにもお金をとっていました。ビジネスです。人道支援物資を受け取る列での自分の順番も売っていました。

支援物資の配給所は午前一一時に開きますが、みんな食べ物を手に入れたいので朝六時から並んでもみくちゃになります」

†ロシアの人道支援

街を破壊し、占領したロシア側による人道支援である。そこには住民を取り込む狙いも込められていたはずだ。

「娘と私も通いました。そこで経験したことは言葉では表現しがたい程です。配給を取りに行って、彼らがロシア国歌を流したとき、私は悔しさに涙が出て、そこを立ち去りたいと思いました。お腹を空かせた人々に犬のようにやって来るよう強い、国歌を流し、「喜べ、我々に感謝せよ」というわけです。苦痛でした。これ以上にひどい屈辱はありません。家も日常生活も失い、さらにこの国歌に耐えねばならないのです！　パンや薬をもらうため、人々は自分たちの手に列の番号を書きました。（ナチス・ドイツがユダヤ人を送り込んだ）アウシュビッツ収容所のようだと思った。ロシア兵は私たちを侮辱はしなかったが、もちろん怖かった。水を取りに行くために外を歩く際、娘が若いので襲われないか心配でした。だから、上着のフードで娘の顔を隠しました。寝るときはいつも一緒で、二人で手を握っていた」

エレーナは配給について話す際には顔をゆがませ、心底から悔しかった様子をあらわにした。

――マリウポリに親ロシア派の住民は？

「親露派住民は少数派ですが存在します。（ドンバス地方における）親露派の動きが二〇一四年に始まったばかりのとき、私たちはまだ無邪気でこれを軽く見ていました。しかし、誰もがこの年の出来事を乗り切り、真のウクライナ人になりました。私たちはウクライナを誇りに思っています。私はウクライナの映画が大好きで、ウクライナ語の吹き替え音声を聞くために映画館に通いました。大好きなウクライナの演奏家たちのコンサートにも娘と行きました」

彼女が語っているのは、マリウポリにおける一四年の攻防のことだろう。州都ドネツクを拠点とした親露派武装勢力は一時、マリウポリも占拠したが、やがてウクライナ軍などに駆逐された経緯がある。地元の親露派に関する話が続く。

「一四年に始まったすべての危惧はすぐに消えたので、私はマリウポリにはそのような親露派の人々はいないと思っていました。しかし今回、人道支援物資をもらいに行ったとき、彼らに出くわしました。並んでいたとき、私の後ろに立っていた。私がふと、「どの地区から来ましたか？」と尋ねると、遠くの地区の名前が返ってきました。そして彼らは「街は解放された」と言ったのです。私は思わず叫びました。「どのように解放されたというのですか？　誰によって？　まさか解放だなんて！」　彼らは「ロシア人が……」と答えました。私が「ロシア人は街を解放したのではなく、占領したんです！」と言い返すと、彼らは「認識は人それぞれだ」と言った。

こんなのは初めて見ました。私は彼らから遠ざかったほどです。苦痛だったし、驚きました。彼らの年齢は四〇歳くらい。高齢者がソ連を懐かしむのは説明可能です。けれど、私と同世代の人たちがこうした考えを持っているのは奇妙です」

†親露派勢力の選別収容所

ロシア軍の支配下に入った街で、エレーナは親露派住民の出現に強い違和感を覚えていた。ロシアの支援を受けるのも忌々しかった。こうした中で彼女と娘はいつ、どのようにマリウポリを出たのか。

「四月一〇日に隣人から退避を提案され、一五分で準備して出発しました。大事な書類や着替えを可能な限り詰めたリュックサックを背負って歩き出したのです。車を持っている人たちは三月中旬までにほとんど避難していた。それでも道中、車に乗せてくれる親切な人もおり、戦禍の中でも良い人たちはいた。乱暴に言えば、戦争が私たちの本性を明らかにしたのです。誰が略奪者になったのか、誰が助け合ったのか、すべてを示しました。

たくさんの検問を通過しました。途中、撃たれそうになったこともある。一番怖かったのはマリウポリから出る際でした。市の出入り口には大規模な陣地が築かれ、戦車や装甲兵員輸送車がとめてあった。そこではロシア兵が通行人の持つ携帯電話の中をすべてチェックしていた。メールやチャット、通話履歴、SNS、写真、動画など何もかも。だから、私たちはあらかじめ全部削除しておきました。それと、娘は脳の手術を二回受けていてその跡が残っている。もし医療の証明書を私が持っていなければ、何か疑われて通してもらえなかったかもしれない」

ロシア兵の検査を受ける際は極度の緊張を感じたに違いない。通過できなければ、おそらくは別の場所へ送られていた。

「多くの人たちが〝選別収容所〟に連行されたことが知られるようになりました。私の元夫はウクライナ軍に勤めています。彼に言いました。「想像してみて。昔からの友達が集められてベズイメンネ村に連れて行かれた」と。元夫はこう返した。「彼らが今度は私たちと戦うために送られて来ることを分かっているかい！」」

ドネツク州南東部ベズイメンネはマリウポリから東へ約三〇キロ。ここは親露派勢力支配下で、尋問などを実施するための選別収容所があると伝えられていた。「反露分子」とみなされれば拘束され、そうでなければ親露派武装勢力の戦闘員に徴用されるおそれもあるというのだ。ウクライナ側はロシアや親露派支配地域へ強制的に連行された市民が数十万にのぼると非難していた。

「ロシア側へ行きたくない住民はたくさんいましたが、逃げ道はなかった。私の母親もそうです。ロシア兵が母のところにも来て、「家から出ろ。車に乗れ。お前をベズイメンネへ連れて行く」と告げた。選択の余地はなく、彼女は車に乗せられて出発。ベズイメンネの次は州都ドネツクに連れて行かれました。そこで彼女は同級生だった男友達と遭遇し、しばらくの間、彼の家に置いてもらったのです。その後、ベズイメンネから近い故郷のサハンカに送られた。二カ月以上の間、私は母の安否を知ることができませんでした」

マリウポリでの出来事をひと通り語り終えると、エレーナはほっと息をついた。母娘二人、これからどこに向かうのだろう。それについて聞くと、彼女は表情を緩ませてまぶしそうな顔をした。

「ボランティアの手配で、ドイツのニュルンベルク郊外に住む一家が私たちを受け入れ、レストランでの仕事も与えてくれるそうです。喜んでそちらへ伺います。ボランティアの皆さんにとても感謝しています。悪夢のようでしたが、もう終わりです」

——世界の人たちに何を言いたい？

「私たちがマリウポリでどれほど無邪気であったかを伝えたいと思います。日常生活を送りながら、つまらないことに不満を言っていた。親と喧嘩したり、上司に腹を立てたり、冬の寒さに文句を言ったり……。なんということでしょう。私たちは美しい街に住んでいた。何一つ不足のない家がありました。みんな、本質的には生活に満足していて、それは素晴らしかった。

二一世紀なのに、どうしてこんな中世のようなことが起きるのでしょう！　私は戦闘の前線に沿って、娘と一緒に荒野を通り抜けねばなりませんでした。これは悪夢ではありません。何気ない毎日を喜んでください。もしかしたら、こういうことが起きるかもしれないのです」

エレーナは目を赤くしながら、一言、一言に力を込めて訴えた。続けて、隣にいた娘のワレリヤも口を開く。

「私は戦争の中にいた時ほど、はっきりと両親を愛したことはありません。母と一緒の毎時、毎分を大事にするようになった。私たちは戦争によって〝チーム〟になりました。そして私は父のことも愛し始めました。私自身は以前のように無謀で愚かな少女ではなく、よりバランスの取れたものになった。私はようやく成熟し、家族の一員であると言える準備ができました」

ティーンエージャーの彼女と両親との間では、葛藤があったのかもしれない。皮肉にも、戦争の非日常が少女の精神を一気に成長させた。

感極まった様子の母エレーナが言う。「私たちの国、ウクライナは戦争に勝ちます。私はその勝利へ向けて誓いを立てました。今後、ウクライナ語で書き、考え、話します。これまで誰も私に強制したことはありませんでしたが、今は心からそうしたいのです」。娘はすかさず「私はウクライナ語で小説を書いてみたい」と合いの手を入れた。

激戦地を生き抜いた二人をドイツでは何が待つだろう。そう聞くと、ワレリヤは「それについては英語のフレーズで答えましょう。"Human is an adaptive creature"人間は適応力のある生き物です。私たちはどこにでも適応します」と言って、にこりと笑った。

†開戦三日前からの隣人ジョージア人

もう一人、取材に応じてくれたのは、リナ・ボルボレワ（五六）だ。服飾の仕事をしてきたといい、革ジャン風の上着やストールなど黒を基調にした服装が金髪のショートカットと痩身に似合っている。彼女がはきはきとしたロシア語で語る戦争体験に耳を傾けよう。

「マリウポリの建設者通り七二番地に私のアパートがあります。自由広場からそう遠くない、ほぼ中心部です。二月二三日はいつも通りでした。そして翌日、砲撃が始まった。今ではすべてが恐ろしい夢のようです。最初、私たちは郊外が燃えているのを見て、泣きました。そのうち自分たちの街区にも最初の砲撃があり、スーパーの前で水を買うため並んでいた人たちが犠牲になった。

ロシア軍は最初にグラード（自走式多連装ロケット砲）を使い、次に迫撃砲、次に飛行機、そして戦車から攻撃してきた。私たちのアパートは周りの建物が防壁のようになっていました。だから砲撃の中でも地下室には行かず、自分の部屋で四六日間を過ごしたのです。

戦争の初めのうちから、同じアパートに住む男女計四人と幼児が二階にある私の部屋に集まり、家族のように暮らしました。唯一の男性はジョージア人の三等航海士の若者で、開戦三日前からこのアパートに部屋を借りていた。戦争で水道、電気、ガスが止まったので、雪を集めて水にした。マイナス一〇度の寒さでした。彼が雪集めや壊れた窓の修復を手伝ってくれて親しくなったのです」

非常事態の中、住民同士が寄り集まり、助け合った。食糧はどうしていたのか。

「みんな、家に備蓄がありました。市中心部のスーパーも最初は開いていたものの、それから深刻な砲撃が始まった。私たちのアパートは一二階建てで、二階と五階に直撃を受けて建物の片翼が焼けた。みんな避難し始め、私たちも近所のアパートの地下室で一夜を過ごし、翌朝にはまた自分の部屋に戻りました。一部の部屋はまだ無傷だったけれど、ほとんどの住民がアパートを去った。数家族だけ残り、寝たきりや視覚障害のあるお年寄りもいた。私たちは二階のコンロで調理し、その薪は壊れた玄関のドアから作りました。砲撃があったので通りには出られません。ウクライナ軍兵士が軍用のバンを置いていたため、アパートの駐車場にも迫撃砲が撃ち込まれた。私たちは屋内から出ることなく、ただ暮らしていました。

外での爆発で頭が変になりました。眠っていると攻撃が始まる。私は子供のころの小さな自分が裸足のままドアのところに立っているのを見て、彼女にブーツを履かせた。ベッドから毛布を持って玄関に飛び出し、そこに座ります。光はありません。壁が揺れています。窓はポスターでいっぱいです。壊れた窓をそれで覆ったから」

彼女は神経が高ぶる中で幻覚を見たのか、それとも夢だったのだろうか。

「アパートを去った隣人たちとはまだ連絡が取れていたので、彼らの部屋のボイラーから水を抜かせてもらい、ろ過して飲料水にした。また、備蓄の食料品も使って良いと言われたので、基本的に何かしら食べる物はありました。ただ、小麦粉などはたくさんあった一方、パンだけはどこで手に入れることもできなかった。私はパンがとても恋しかった。想像もできないことでしょう！

ウクライナ軍は、避難が実施される際には市内を車で回って知らせると言っていました。

しかし、攻撃が激しくなり、軍も警察もみんなある日、街から姿を消しました。市当局からの情報は何一つありませんでした。電話は通じなくなり、略奪が始まった。ホームレスたちは倉庫から酒を持ち出し、酔っ払ってやりたい放題でした。私たちは見張りをしてアパートを守りました。

そんな中で幸運だったのは、ジョージア人の若者が一緒にいたことです。彼がいなければ、私たちはおそらく生き残れなかった。彼は働き者で、薪を作り、水を運んだ。食糧のほかに、電池、懐中電灯、薬、歯磨き粉、石鹸などを、住民の去った部屋から入手しました。DPR（ドネツク人民共和国の略称）の兵士たちが来るまではそうやって過ごしていました。

私は三月二一日が誕生日。その日、朝起きて窓を開けると軍用機が空を飛んでいる。夜、隣の五階建てが燃えていました。それでもワインを開けて誕生日を祝いました」

†迷子のDPR兵士

ロシア側の攻勢に押されてウクライナ軍が退却する中、マリウポリ中心部には一部の市民が取り残された。街の治安はもろくも崩壊した。そして尖兵として親露派武装勢力がやって来たのだという。

「DPR軍の部隊は私たちのアパートにも侵入し、各部屋を引っかき回して酒と宝飾品を略奪した。彼らは階段部分に落ち着き、私たちは自分の部屋に。アパート内に残った高齢者のために私たちは一〇リットルの大鍋にボルシチを調理し、各階に届けました。それまで親しかったわけでもないのに、お互いを助け合った。戦争の中では他にどうすればいいのでしょう？　やがてDPR兵は高齢女性たちを追い出し、彼女らの部屋を占拠しました。それが彼らの仕事だったのでしょう。こうして私たちはDPR兵と同じ建物で、弾丸が飛び交う下での生活を余儀なくされました」

マリウポリ攻防の市街戦が続く中で、前線に近いボルボレワたちのアパートは親露派部隊の駐屯拠点に変えられた。ただ、奇妙かつ危険な同居は一時的なものだった。

「アパートでは四月四日ごろに火事がありました。DPR兵が私たちを家から追い出したいと考え、放火したようです。食事中に黒い煙が見えたのでみんなで一階へ駆け下りると、彼らは火元付近を封鎖していた。これでは消火ができない。後ろから自動小銃を持った別のDPR兵がやって来たので、私たちは狙撃を受けていた正面玄関を駆け抜けた。腕に白い包帯（民間人の印）を巻き、両手を上げて歩きました。

外では激しい戦闘が始まっていた。飛行機が四方八方から飛んで来て、すべてが爆発する。戦車やあらゆる兵器が目の前を通り過ぎて行く。恐ろしかったです。私が燃えるアパートの前に立っていると、地下室から人々が「ここに入って」と叫んだ。DPR兵が燃えている部屋から子供を救出する場面もありました。

この悪夢の最中に、DPR兵の若者が通りからアパートの中庭に駆け込んできた。「戦車を見ませんでしたか?」私は答えました。「向こうへ行ったよ。走りなさい」彼は走り去った。自軍の戦車を見失い、迷子になった兵士でした。恐怖の中で冗談のような話です。

私たちはひどい状況で一夜を過ごしてアパートに戻りました。数部屋はまだ無傷でした。そして四月六日、DPR兵に「ここからすぐに出ろ。まもなく戦闘が始まる」と言われたのです。急いで荷造りし、大通りに沿った境界を越えて、彼らが言うところの〝解放地区〟へ連れて行かれました。その後、私たちのアパートは激しく砲撃され、全焼しました。二階にある私の部屋の辺りに直撃があり、建物の三階部分が二階に落ちて、すべてが焼けた。四月一〇日、私たちはマリウポリを去りました」

ボルボレワの部屋で暮らしていたメンバーのうち、乳児を抱えた若い女性は夫が長距離トラック運転手だった。彼が泊まりがけの仕事でバルト海方面に行っている間に戦争が始まり、家族は離ればなれになってしまった。妻子を助け出すため、夫は車でマリウポリを目指す長旅を始めた。一方、ロシア軍占領下の街で、ボルボレワたちは親露派支配地域の携帯電話SIMカードを購入。通信状況は悪く、妻はかろうじて夫に「待っている」とテキストメッセージで伝言を送った。

街も自宅アパートも戦闘で既にぼろぼろに破壊されていた、四月一〇日のことだ。避難バスの集合地点というガソリンスタンドへボルボレワたちは向かった。一縷の望みを抱いていたが、到着時にはもう最後のバスが去った後で、迎えに来た家族の姿もない。「私たちはもう街を出られない……」

徒労に疲れ、検問近くまで戻って来たとき、夫の迎えを待ち望んでいた若い女性が声を上げた。「あそこに彼の車があります」。数百メートル先のそれらしき車まで彼女は走り出す。ボルボレワが見つめていると、男女二人は固く抱き合った。実に四カ月ぶりの再会だった。一行は荷物をまとめて車に乗り込み、すぐに出発する。ただ、一緒に暮らした仲間のうち数人は街に残った。ボルボレワが砲声を聞いたのはこの日が最後になった。

若い夫婦とは途中で別れ、先の見えない移動が続いた。西へ二〇キロ程の町マングーシュで早速一〇日間足止めを食い、その先の港湾都市ベルジャンシクでもさらに一〇日間を無為に費やした。いずれもロシア側支配地域で、ウクライナ側の拠点都市ザポリージャへの直通道路は戦闘のため閉鎖されている。迂回ルートを探っても、バスは走っておらず、タクシー運転手は目の玉が飛び出るような高額を要求してきた。避難民収容施設に滞在でき、食事が無料提供されたのは助かった。所持金は既に使い果たしていた。

†敵兵士とはいえ一括りにできない

「そしてある日、私たちを車で連れ出そうと申し出る若者に偶然会いました」。脱出を希望した六人がすし詰めで車に乗り込み、西のメリトポリへ向かった。そこからはロシア支配下のクリミア半島へのルートがあるため、検問を通過しやすいと考えたためだ。狙い通り通過を許され、ザポリージャ州のワシリウカ郊外までたどり着いたところで、また立ち往生した。ロシア側の検問が厳しく、ウクライナ側支配地域を目指す数百台の車列ができていた。

「その時、ロシア兵が地元在住者は検問を緩く通過させていることを知ったのです。私たちは、車列の横をすり抜けて家へ帰ろうとしていたタクシーに飛びつき、ウクライナ側の検問まで連れて行ってくれるようにお願いしました。運転手は最寄りの検問までならと同意し、私たちを乗せてすべてのロシア側の検問を通過した。そこでは身分証のチェックだけで済み、ある種の奇跡でした。

タクシーから降りて、避難所代わりの学校で受け入れられました。私たちはただ呆然としていて、最初はまだロシア軍の占領地域にいると思っていた。けれど、学校の女性は

「ここはもうウクライナ側ですよ」と言いました。ついに来たなんて信じられませんでした。私たちは涙を流して喜びました。

ザポリージャのこちらのボランティアに連絡し、学校で一晩を過ごしました。翌朝、途中までは地元の人の車に乗せてもらい、残りは歩き続けた。ボランティアの彼らは私たちを野原で見つけました。二台の車に分乗し、自動小銃を持った男性たちです。私たちを乗せてくれて、そしてここに来ました。結局、すべてが順調に終わりました」

戦禍の中での暮らしと避難の道のりについて一気に語り終えると、ボルボレワは自らがじかに接したロシア軍人、DPR戦闘員の言葉や様子を説明した。

「何人かのロシア兵は私たちに対して人間的に振る舞い、状況を理解していました。一方で、「これは戦争なのですよ」と説明しなければならない兵士もいた。「自分たちがここで何をしているのかよく分からない」と話すロシア人もいたからです。武器を渡され、命令が下され、「三日間の行軍」と言われただけだ、と。彼らはここから抜け出す方法を知らない……」

――この戦争についてどう思う？　私は彼女に改めて尋ねる。

「これはウクライナ人を地球上から消し去ろうというジェノサイド（大量虐殺）です。マリウポリは消し去られた。やって来たDPR兵に「なぜ住宅を破壊するの？」と尋ねると、彼らは「高層住宅のある市街地で戦う方法が分からない」とか「戦闘には開けた平野が必要だ」と答えました。都市を平らにし、それから戦う。彼らに他の戦術はない。「ドネツク攻撃に対する報復だ」という人もいた。彼らの頭の中には、「ドンバスは偉大なルーシ（ロシアの古名）の一部になる」というプーチン流の考えがたたき込まれている。「これは自分たちのものだ」と言って、奪うのが彼らのルールなのです」

ボルボレワは自身が目撃したロシア側の苛烈な戦術を振り返る。

「最初にDPR兵が弾よけ代わりの〝肉弾〟としてやって来て、その後、本職のロシア軍人たちが登場しました。彼らは、アゾフ大隊が駐屯していると勝手に決めつけた住宅の破壊を試みていた。私たちを尋問して市街地図を見せ、「アゾフはどこにいるのか」と何度も尋ねてきた。彼らはアゾフの兵士が街に隠れていると信じていて、私がある建物について「あそこにアゾフはいない。地下に市民七〇人が避難している」と教えたら、驚いていた。そこにいる彼ら全員が反アゾフという印象で、私たちの話は信じなかった。

あるロシア人は、狙撃兵がいたから民間の建物を攻撃したと言いました。「狙撃兵を倒すのに飛行機からの爆撃しかできないの？」と聞くと、答えは「できない」。私は彼らに「自分たちの仕事に満足していますか？　誇りに思っていますか？」と尋ねた。何人かは目を伏せ、また別の何人かは「何もかも理解している」と言った。しかし彼らは同じことを続けている。さらに私は言いました。「住宅は壊され、街もなくなってしまった。マリウポリはなくなってしまった。私たちはどこに住めば良いの？」。彼らは「自分たちは長くはここにおらず、それから去るだろう」と答えた。「いったい誰が街を修復するのでしょうか？」と聞くと、答えは無かった。彼らはアゾフ大隊を非難し、私たちが殺されるのはアゾフが街から出ないせいだと主張しました」

こうして、街は徹底的に破壊された。ボルボレワは戦禍の記憶を語り終えると、肩の荷を下ろしたような少しほっとした表情を見せた。彼女はこの後、マリウポリから一緒に逃げて家族同様になった若い女性と欧州の避難受け入れ先へと向かう予定だ。まだ、長い旅が続く。

米国防総省の分析によると、ロシア軍は要衝マリウポリの制圧に一万人規模の兵士を投入したとみられる。ウクライナ軍参謀本部は五月一七日、アゾフスターリ製鉄所で籠城を続けた兵士たちに撤退を命じ、攻防戦は幕を閉じた。ロシア国防省は三日後に製鉄所の完全制圧を発表、ショイグ国防相がプーチン大統領に「作戦の終了とマリウポリの完全な解放」を報告した。三カ月近くにわたって空爆、砲撃を受けた市街の大部分は破壊され、多くの死傷者が出た。その全貌は不明だが、ウクライナ側は死者二万人以上と推計する。アゾフ大隊メンバーを含め、投降した兵士たちは捕虜としてロシアへ移送された。

第五章　展望はあるのか

†戦時下の日常

「プーチン、うせやがれ」。ザポリージャ中心部からドニプロ川を渡る橋の手前には、シンプルにこう書かれた文字看板がいくつも並んでいた。この川を少し下れば、そこはもうロシア軍の占領地域だ。「うせやがれ」と言いたくなる気持ちは

「ロシアの軍艦、くそ食らえ！」と書かれたイラスト付きの看板
（ザポリージャ、2022年5月6日）

分かる。検問近くでは「ロシア兵よ！　武器を捨て、命拾いせよ　プーチンはあなたたちの遺体さえ回収しない」と投降を呼びかける看板を目にした。

市内には「ロシアの軍艦、くそ食らえ！」という看板もあった。クレムリン（露大統領府）の時計台と軍艦を合体させた異形の船が海に沈んでいくイラストが添えられている。四月に沈没したロシア黒海艦隊の旗艦「モスクワ」を連想させる。いわゆる放送禁止用語が含まれるが、この組み合わせはウクライナでは抗戦姿勢の象徴として人気を博していた。

ロシア軍の侵攻開始から時を経て、ウクライナ各地の街頭では戦時下ならではの看板やポスターが出現している。ロシアに対する怒りの表現、ユーモアで市民を鼓舞するもの、「戦争英雄」の称賛など内容はさまざまだ。土産物店ではTシャツなどの抗戦グッズも登場している。風刺を込めたイラストからはこの国の文化が感じられる。

街頭の看板やポスターには地域性もある。広い国土を持つこの国では、東部や南部は戦闘の最前線やロシア軍の占領地域に近いが、西部は比較的安全だ。このため、ロシア兵に投降を呼びかける似た内容のものでも、南部ザポリージャでは文字だけの看板だった一方、西部リビウの看板はイラスト付きでソフトな印象を受けた。

罵倒語を含むポスターまで掲げられている背景には、無差別攻撃を続けるロシア軍への強い怒りがある。南部オデーサからリビウに避難した経営アナリストのアンドリー・カリニチェンコ（三五）は「戦時下の現状においては激しい言葉も許容できる。ただ、ウクライナ語は本来美しい言語であることを知ってほしい」と話していた。

†対独戦勝記念日

さて、マリウポリ避難民に話を聞いた翌日の五月七日、私たち三人の小さな取材チームはザポリージャを出発した。目指すは西へ一〇〇〇キロ先のリビウだ。その距離は東京―大阪間の往復分に相当する。たった一日の取材で南部の拠点都市を去ることになったのは、五月九日が迫ってきたためである。

ロシアの対ドイツ戦勝記念日であるこの日は、毎年モスクワなどロシア各地で軍事パレードが催される。「ソ連によるナチス・ドイツ打倒」という史実は、プーチン政権のロシアにとっては国民をまとめ上げる魔法の杖のように重宝されている。近年では濫用されていると言うべきだろう。ロシアは昔も今もこれからも、ずっと正義である――と強調し、「我々」という国民意識を盛り上げる。ウクライナの政権や軍を「ネオナチ」扱いするのは、ナチス・ドイツと重ねることでロシア国内の戦意をかき立てるのに有効だからだ。「特別軍事作戦」という名目でウクライナでの侵略戦争を続ける中、パレードの演説でプーチン大統領が何を語り、戦況が変化するかが注目される。ウクライナに対する全面戦争を宣言し、各都市にミサイルの雨を降らせる――。そんな最悪のシナリオもないとは言い切れない。

ただ、私個人としては、西部への退避までは必要ないと考えていた。二月の侵攻開始前のような米国政府の警戒アラートは今回出ていない。だが、上司から編集幹部の慎重姿勢を伝えられた。「絶対にリスクはない」と反論できない以上、従わざるを得ない。リビウにいれば、いざという時にすぐＮＡＴＯ加盟国のポーランドへ脱出できる。こうして、振り出しの西へと戻る長いドライブが始まった。

午前九時半過ぎに出発し、田園地帯の幹線道路を疾走する。黒土の畑をトラクターが耕し、菜の花畑は柔らかな黄色の絨毯となって風に揺れている。どこのガソリンスタンドをのぞいても、給油できないところばかり。車に積んだ携行タンクの最後の一つからガソリンを自分たちで給油し、先へと進む。スマートフォンを眺めていたビクトル助手がふと顔を上げ、「西部のイヴァノフランキウシクで落雷があり、人々がパニックになった」というローカルニュースを教えてくれた。ロシアのミサイルは前線から遠い都市へも容赦なく突然飛んでくる。この国にいる限り、安全地帯はどこにもない。落雷の音は確かに紛らわしい。

日の長いこの時期、午後八時前にようやく夕焼けを迎え、中部の都市ビンニツァに入った。今日はここで一泊する。ソ連時代の九階建てアパートの一部が快適なホテルに改修されている。夜はまだ冷えるので暖房がしっかりつくのはありがたい。窓からは小さな公園のカラフルな鉄棒が見えた。マリウポリ避難民の女性たちが住んでいたのも、こんなアパートだったはずだ。特に豊かではなくても平穏な暮らし。それがめちゃくちゃに破壊された。

だが、このビンニツァも戦争と無縁ではいられなかった。二カ月後の七月中旬、ロシア軍の潜水艦発射ミサイルの攻撃を受け、子供三人を含む市民約二五人が死亡した。犠牲者の一人で、母親と歩いていたダウン症の四歳女児、リザ・ドミトリエワは言語療法士のところへ通う途中だったという。偶然にも、ゼレンスキー大統領のオレナ夫人が過去に面会したことのある子供だった。

翌五月八日、運転手のエフゲニーが給油のできる数少ないガソリンスタンドに早朝六時から車で並び、三時間待ってようやく二〇リットル購入できた。出発後、道中でもう一度給油し、ドライブを続ける。午後四時、一週間ぶりのリビウに到着。夜行列車でキーウから移動してきた三木記者たちとも再会し、緊張が少し緩んだ。

†五・九プーチン演説

注目の五月九日、結論から言うと、プーチン大統領は目新しいことはほとんど語らなかった。誇るべき戦果もない中で、ウクライナ侵攻の正当化、米欧に対する非難、将兵の鼓舞といった内容にとどまった。曇天に覆われた赤の広場で、軍人らを前に語った演説の要旨を抄訳する。

〈偉大なる勝利の日、おめでとう！　祖国防衛は常に神聖でした。今もまた、あなたたちはドンバスの同胞のため、祖国ロシアの安全のため、戦っています。昨年一二月、我々は西側諸国に互いの利益を考慮した安全保障の協定締結を提案したが、すべて無駄だった。NATO諸国は我々の意見を聞きたがらず、実際には（彼らには）まったく異なる計画があった。

ドンバスでの一連の懲罰的な作戦、クリミアを含む我々の歴史的な土地に対する侵略の準備が公然と進行していた。彼ら（ウクライナ指導部）は核兵器取得の可能性を表明した。NATOは我が国の隣接地域の積極的な軍事化を始めた。こうして、ロシアにとって絶対に受け入れられない脅威が、国境に接して体系的に作り出された。

こうしたすべてが、米国とそのジュニア・パートナーが期待をかける（ウクライナの）

戦闘車両に乗って赤の広場をパレードするロシア軍の兵士ら
（モスクワ、2022年5月9日、前谷宏撮影）

ネオナチ主義者、バンデラ主義者と我々の衝突が避けられないことを示していた。NATO諸国から最新兵器が定期的に（ウクライナへ）供給され、危険は日に日に大きくなった。ロシアは先制して侵略に反撃した。それはやむをえない、時宜にかなった、唯一正しい決定でした。

今日、ドンバスの義勇兵はロシア軍兵士と一緒に、自分たちの土地で戦っている。第二次大戦の教訓を誰一人として忘れないために、祖国とその未来のために、あなたたちは戦っています。世界のどこにもナチスの居場所がないようにと……〉

やらなければ、やられた。父祖たちがナチス・ドイツを倒したように、我々は今、米欧が支えるウクライナのネオナチと戦っている——。プーチンが繰り返し語ってきた、この戦争のナラティブ（物語）そのものである。

わずかに目を引いたのは次の下りだ。

〈私たちの兵士と将校の死は、私たちみんなにとって悲しみであり、家族や友人にとっては取り返しのつかない損失です。国、地域、企業、公的機関は、そのような家族にケアを提供し、支援のためにあらゆることを行う。戦死者や負傷者の子供たちに特別な支援を提供します〉

順調なはずの「特別軍事作戦」において、ロシア軍にも少なからぬ犠牲が出ている。この不都合な事実について、国家指導者として触れざるを得なかった。演説の最後は「勇敢な軍に栄光あれ！　ロシアのために、勝利のために！　万歳！」と締めくくったが、例年のような晴れがましさはなかった。

†五・八ゼレンスキー演説

ウクライナ側は五月九日を待たず、今回の侵攻に対する抗戦の歴史的意味を訴えるゼレンスキー大統領の演説動画を八日に公開し、ロシアをけん制していた。

「怪物たちが（同じ悪行を）繰り返し始めた。凶悪な占領を生き延びた私たちの都市は、再び占領者を見た。別の軍服とスローガンの下で、悪が戻ってきた」

動画では、首都キーウ近郊ボロディアンカにある大破した共同住宅を背景に、ゼレンスキーが険しい表情で語る。五月八日はナチス・ドイツ降伏を受けた欧州での戦勝記念日だ。時差の関係で九日に祝うロシアなど他の旧ソ連諸国と日付が異なる。ウクライナとしては、米欧と立場を同じくする姿勢を示したのだろう。

ソ連の構成国だったウクライナは第二次大戦当時、侵攻するドイツ軍に一時占領された過去がある。プーチン政権が今回の侵攻について「ウクライナのネオナチ政権との戦い」と強弁するのに対し、ゼレンスキーはナチスと同様の蛮行に打って出たのはロシアだと痛烈に非難した。動画には、大戦当時のナチス・ドイツ軍と現在のロシア軍による攻撃風景や避難民の映像が盛り込まれ、双方の相似性を印象づける。ゼレンスキーは演説の終盤、「我々はナチズムに打ち勝った人々の子孫であり、再び勝利する。再び平和が訪れる」と屈しない姿勢を強調した。

五月九日とそれからの数日は戦況に大きな変化なく過ぎていった。出張も終盤に入り、私は少し肩の力を抜いた。リビウも局所的にミサイル攻撃を受けているが、戦争は日常に溶け込んでいる。こんな時であっても、歴史的建造物の並ぶ石畳の旧市街を歩くと心が弾む。ぽかぽか陽気の快晴の下、くつろぐ市民の姿があるからだ。外国人観光客は消えてしまったものの、国内各地から避難してきた人々が大勢暮らし、人口は一時的に増えている。

公園では薄紫色のライラックが咲き、近づくとほのかに甘い香りがする。ただ、戦時を感じさせる公共広告などが随所にある。攻撃に備え、古い教会の窓や石像は防護板で覆われた。街の一角には追悼コーナーが設けられ、戦争犠牲者の写真が造花に埋もれるように何枚も掲げてある（第三章冒頭に写真）。

リビウは観光都市なので土産物店が多い。今回のロシア軍侵攻にまつわる商品もある。冷蔵庫などに貼るマグネットでは、ウクライナ農家のトラクターが大破したロシア軍艦を陸揚げするイラストのものが気に入った。蚤の市を覗く。ソ連時代の古本やバッジも売っている。観光客が激減したので、露天商の中年男性は「商売あがったり」と困り顔を見せる。この戦時下に発行された、ロシア軍艦にウクライナ兵が中指を突き立てるデザインの切手はかなりの希少価値が付いていた。

†地元識者ガルマシュが見る「目的の変化」

ウクライナを離れる前日の五月一二日、私は地元識者二人へのオンライン取材を試みた。共に東部ドネツク州出身で首都キーウ在住。攻防の中心が東部と南部に移った今、中長期的な展望を聞かせてもらいたい。

一人目は、二月の侵攻開始前にキーウで直接会って話を聞いたジャーナリストのセルゲイ・ガルマシュ（五〇）だ。一四年からドンバスで続くハイブリッド戦争の実態に精通している。彼の目から見た「プーチンの戦争」はどんな先行きが予想されるのか。

――この戦争の展望をどう見る？

「当初から明白なのは、ロシアがドンバスとウクライナ南部を必要としているということだ。プーチンはウクライナ全土の占領を望んでいた可能性があるが、もしドネツク、ルハンシクの両州全域と、そこからクリミア半島への地上回廊となるウクライナ南部を獲得したら、本質において彼は満足するのだと思う。

他方、我々ウクライナ側は持ちこたえている。米国でレンドリース（武器貸与）法が成立した今、本格的な武器の供与が始まれば我々は戦線での状況を変えられる。私は楽観に傾いているが、政治家たちの声明には不安を感じる。ゼレンスキー大統領らは侵攻前の『二月二三日の状況に戻せば勝利だ』という。だが、その段階に戻すだけではドンバスとクリミアの問題が残り、それは戦争が再び繰り返されることを意味する。〝凍結状態の紛争〟は我々を弱体化させる。この戦争は侵略者をウクライナの国土から完全に追い出したときに終わる」

米国のレンドリース法とは、ウクライナに対する兵器や装備品の貸与手続きを簡素化するものだ。米議会上下両院で可決された後、五月九日にバイデン米大統領が署名して成立した。この法律は元々、第二次大戦当時、ナチス・ドイツと戦う英国などを支援するため成立し、対独参戦したソ連にも戦車や航空機、輸送車両が大量に送られた。現代のロシアが誇る「ソ連の勝利」の裏には、米国の手厚い支えもあったのだ。もちろん、東西冷戦以前の話である。今度は、ロシアが「ネオナチ」と非難するウクライナの反転攻勢を同じ法律が下支えする。米国では追加予算も成立し、射程が長い高機動ロケット砲システム「HIMARS（ハイマース）」などが供与されることになった。

一方のロシア側だ。二月の侵攻以来、プーチンの戦争目標は変化したと言えるのだろうか。

「もちろん変化している。二月二三日には、彼はウクライナ全土の占領を欲していた。おそらくは（反ロシアの民族主義が根強い）西部のリビウ、イヴァノフランキウシクの両州を除いては。その後、プーチンは全土占領には軍事力が足りないと理解し、東部と南部に集中することを決めた。

彼がウクライナ東部を必要とする理由はこうだ。国家承認したドネツク人民共和国（DPR）、ルガンスク人民共和国（LPR）の要請という形でロシアは〝特別軍事作戦〟を実行しており、彼にとって威信に関わる問題だからだ。つまり、ロシアが東部二州のウクライナ側地域を〝解放〟してDPR、LPRの領土に編入したとき、プーチンは「特別作戦の目的を達成した」として勝利を口にできる。だから、東部は彼にとって重要だ。そして南部が重要なのはクリミア半島に注ぎ込む水源があるからだ。

プーチンの目標は以前より現実的になってきている。戦争前にあなた（真野）に会った際、私は「大規模戦争はプーチンにとって不利なので起きるとは思えない。始めれば制裁によってロシア経済は下降する」と話した。しかし、プーチンは大規模戦争を開始し、米欧の制裁で経済の下降が始まる。ウクライナ軍の抵抗は想定より強硬だった。これらをプーチンは理解し、専門家たちが予想していたところへ回帰した。つまり、ドンバスと南部での戦闘激化だ。プーチンはロシアの力に見合わない目標を有していたが、現在はより正確に状況を見て、体面を保とうとしているのだろう」

――ロシア側が支配地域を広げる東部二州や南部へルソン州のロシア領編入はあり得るか？

「もし編入すればウクライナはロシアに対して宣戦布告し、両国間の正式な戦争となるだろう。そうなると、ウクライナはロシア領内に対しても（攻撃などの）活動をする自由を得る。まずは（ロシアが実効支配する）クリミアが対象になるだろう。プーチンや側近はこのリスクを理解しているはずだ。このような戦争に深く入り込むと、ロシアは負ける可能性がある。だから、ロシア領への編入は賢い選択ではない。私がプーチンならこれらの州をDPRへ編入することを考えるが、彼がどちらを選択するかは分からない」

†ウクライナのネオナチについて

ロシアが全面的に支える二つの傀儡、非承認国家。プーチンの持論に従えば、この地域の出身でロシア語を母語とするガルマシュも「ウクライナのネオナチ」による迫害対象ということになる。彼はこの狂言をどのように感じているのだろう。

——プーチン政権は「ウクライナをアゾフ大隊などのネオナチが支配している」と主張し続けている。

「私の理解では、ナチズムとは一つの民族が他のすべての民族よりも自分たちを上と位置づけ、下位とみなした民族を殺すことだ。ナチズムはマークやシンボルではなく行動によって定義される。プーチンとロシア軍人こそナチ主義者ではないか。ウクライナ人がロシアの望むような生き方を選ばず、むしろロシアと離れて暮らしたがっている。そんな理由だけで、彼らは人々を殺しにやって来た。プーチンにとって重要なのは、彼の望むように私たちが生きるよう強制すること。これこそナチズムだ。私からすれば、アゾフ大隊は自分たちの土地を守っており、ナチ主義者ではない。カギ十字の入れ墨があるかどうかは問題ではない」

――他方、激戦地マリウポリなど東部や南部には親露派住民も一定数、存在する。

「親露的な志向を持つ人がマリウポリに存在するのはあり得ることだ。そういった人々はキーウにもいる。申し訳ないが、バカな人たちはたくさんいる。見るべきは、誰がロシアを支持しているのかということ。親露派は主に高齢層にいる。彼らはソ連に暮らし、現在ではロシアをソ連と同じだと思っている。ロシアを支持するのは、単に自分たちが若かった頃に戻りたいということだ。若い世代でロシアを支持する人々は見かけない。（親露派の維持・拡大にロシア系の）テレビが役割を演じているが、高齢層しか視聴していない。親露派の人々は、ここがウクライナであるのを忘れないことが必要。ロシアを愛したければそうすればいい。だが、大事なのはウクライナの法律を守って暮らし、ウクライナを愛する人たちを妨害しないことだ」

画面の向こうのガルマシュは冷静な語り口で、ロシア側の思考に対する分析を語る。自身は八年前に親露派武装勢力によって故郷ドネツクを追われ、キーウでの生活を余儀なくされてきた。彼の視点はウクライナの政治家に対しても緩むことはない。私は質問を続けた。

†徹底抗戦への国民支持

――ゼレンスキー大統領が目指すところは何だろうか？

「大統領は以前、インタビューでプーチンとの会談も視野に入れ、クリミアとドンバスの問題は別途解決したいと話した。要するに、ウクライナ軍の力量とその勝利の可能性を信じていないということだ。これは正しくない立場だし、現実的でもないと私は思う。ウクライナ軍は大統領の命令に沿って親露派支配地域の境界で止まることはせず、反撃に転じれば国境まで進む可能性がある」

――ウクライナ世論の大多数は大統領を支持している。

「その通りだが、支持率は彼の行動と雄弁術によって左右されるだろう。彼は元々、（一四年以来のハイブリッド戦争に関して）和平派として大統領の座についたが、状況は変わった。戦時下において〝和平派の大統領〟であったら世論の支持を失う。戦時下では勝利を目指す〝主戦派の大統領〟でなければならない。彼がもしロシアと交渉を始めたら、支持率は目に見えて下がるだろう。ウクライナ国民の大多数は、戦争が再び繰り返されないように敵を国土すべてから追い出したいと望んでいる。そして、ウクライナの勝利を信じている」

時にウクライナ国外で誤解されるところだが、ゼレンスキーが国内の主戦論をリードしているのではなく、国民の多数派の主戦論に支えられてゼレンスキーがそのように振る舞っているという構図が実態だ。

このインタビュー時点より少し先のデータを紹介したい。ウクライナのキーウ国際社会学研究所が七月六～二〇日に実施した全国世論調査（回答者二〇〇〇人）によると、「この戦争が長引いたり、国家の独立が脅かされたりしても、ウクライナは国土を一部たりとも放棄すべきではない」という考えに回答者の八四％が賛同した。五月の八二％とほぼ変わらず、ゼレンスキー政権の徹底抗戦の姿勢は、引き続き国民の多数から支持を得ていた。

――では、米欧によるウクライナへの軍事支援は十分か？

「支援は非常に重要だ。米欧の兵器供与がなければ、我々は既にロシアに負けていただろう。ただ、供与のスピードは遅く、ロシア領内の軍事目標の破壊に使える兵器は含まれていない。私の見立てではこうした兵器は必要だ。残念ながら、米欧では多くの人々が今でもロシアとの対立を恐れている。既にピークに達しているのに、これ以上どんな対立があるというのか。ウクライナ領にいるロシア軍が弱体化することに関心を持つべきだろう。

米英両国はウクライナ政府の立場にかなり共鳴しているが、慎重な立ち位置の国もある。一部の首脳がプーチンに電話したり、国連事務総長が四月下旬にロシアを訪問したりしている事実は、私には理解できない。これは公然たる侵略であって、プーチンは国際的に孤立しなければならない。フランスのマクロン大統領が好むようにプーチンに電話したり、何かを頼み込んだりすれば、プーチンに「状況を意のままにできる」と思わせてしまう。

西側諸国はウクライナ側に立つのか、ロシア側に立つのか決定しなければ。ウクライナとロシアはこの状況においてこの状況において、民主主義と権威主義という二つの異なる立場の象徴だ。さらに言えば、今のロシアは事実上の全体主義国家だ。全体主義と民主主義を同時に支援することはできない。彼らがプーチンとの関係維持を試みるならば、それはプーチンが大統領の地位を保持すべきと考えていることになる。そうではなく、むしろプーチンが弱体化するためにすべてのことをする必要がある」

ガルマシュの口調は次第に熱を帯びた。この期に及んでも煮え切らない一部の国家指導者に対するいらだちもあるのだろう。最後に長期スパンの展望を聞く。

――ウクライナとロシアの将来は？

「もしも、ゼレンスキー大統領が口にしたような形（三月下旬の停戦交渉を前に示した「中立化」の方針。関係国による安全保障の枠組みを創設するのと引き換えにNATO加盟を断念するとした）で、ウクライナの安全の保障が得られるのであれば、NATOは私たちには不要だ。だが、私なら、まだ現実化していない枠組みよりはNATO加盟を選ぶ。

帝国的な現在のロシアとは、今後もずっと悪い関係のままであり続けるだろう。そのようなロシアは常にウクライナを滅ぼそうと試みる。米欧にとってもロシアとの問題は起き続ける。従って、ウクライナと西側諸国は、ロシアが〝帝国〟ではなくなるよう動かなければならない。ロシア国民が自由を得て、ロシアに民主主義が存在できるように。

ただ、現在のロシアにおいて民主主義は不可能だ。ロシアを崩壊させる。さまざまな民族がおり、宗教や伝統もそれぞれ。これらを一つの国家に保つのは、全体主義と力によってのみ可能だ。つまり、ロシアの問題はプーチンでもプロパガンダでもなく、何より国家の構造にある。ロシアがチェチェンやシベリアなどを力によって領土として保持し、〝帝国〟として存在する限り、ロシアは民主的ではありえない」

〝帝国ロシア〟の構造的問題はこれまでにも一部識者が指摘してきた。帝政ロシア、ソ連、新生ロシアと形を変えながらも、ロシアはずっと、過去に征服した植民地的な地域を内包してきた。世界一の広さを誇る国土の内実だ。ソ連崩壊後に起きた二度のチェチェン紛争は、連鎖反応によるロシア連邦解体を阻止するための実力行使でもあった。ガルマシュはこの構造が変わらない限り、ロシアに民主主義は実現しないと言い切る。帝国的である限り、ロシアは近隣諸国を脅かすという悲観的な見方だ。

†地元識者ハラが見るロシアの作戦失敗

インタビューの二人目は、外交・安全保障アナリストのアレクサンドル・ハラ（四六）。ウクライナ外交官出身で在カナダ大使館勤務や国の安保分野を担当した経験を持つ。まずは戦況の分析について詳しく話してもらう。

「一四年以来、ロシアがウクライナを征服できない理由の一つは、彼らが〝自分たちに都合の良いウクライナ〟を思い描いてきたことだ。「ネオナチのグループがウクライナで政権を掌握した」などと信じ込み、ロシア軍がウクライナに侵攻すればすぐ、解放者として市民が歓迎してくれると考えていた。

彼らはハリウッド映画のように作戦を立案していた。「重要軍事インフラへ精密攻撃をし、対空防衛システムや航空戦力、軍事指揮施設を破壊する」と。これはまったく成功しなかった。理由は簡単だ。ウクライナの情報機関も西側パートナーもこのようなシナリオを予想し、我が国は準備をしていた。それによってロシア軍が首都キーウ方面で目標達成することを許さなかった。

ロシアが描いた理想のプランは、キーウ州のホストメリとワシリコフの両空港を占拠し、そこへキーウ包囲のための空挺部隊と兵器を降ろすというものだった。もちろん、ゼレンスキー大統領の拘束か殺害という特別目標もあった。一九七九年のアフガニスタン侵攻時にソ連特殊部隊がカブールの大統領宮殿を制圧した作戦との類似性がある。これをロシアはウクライナで繰り返そうとしたが失敗した。

ロシアは体面を保つために「人道的理由でキーウ方面から撤退する」などと主張し、北東部ハルキウ、東部ドネツク、ルハンシク方面への集中を試みた。ドネツク、ルハンシク両州の全域制圧を達成するためだ」

二月二四日のロシア軍の全面侵攻開始は奇襲だったが、実はウクライナ側に備えがあったとハラは言う。ただ、この点については別の見方もある。米有力紙ワシントン・ポストなどは、米国政府からの度重なる侵攻の警告をゼレンスキー政権が重く受け止めず、臨戦態勢を取らなかったと報じている。いずれにしても、プーチン政権はウクライナについて誤解を重ね、緒戦からつまずいた。

「ロシア軍人は米軍のアフガンとイラクでの失敗や、NATOの作戦をよく学んでいる。だが、ウクライナ側はアフガンのイスラム主義組織タリバンのような戦法を使った。待ち伏せし、幹線道路を進むロシアの軍用車両を破壊した。また、ロシアは侵攻に不適の時期を選んだ。ウクライナの黒土は春先にぬかるみとなって進行困難となる。戦車は止まってしまい、ロシア軍は動けなくなった。ロシア兵は今の時代に古い紙の地図を使い、地理の把握もできていなかった。

ドクトリン（戦略指針）の観点から、ロシアはＮＡＴＯや米国との戦争へ向けて軍を準備してきた。しかし、紙の上での天才的アイデアと、軍の準備不足とは別問題だ。ロシア軍には練度の高い空挺部隊や特殊部隊もいたが、その大部分はキーウ近郊で掃討された。再建には時間がかかる。ウクライナ軍は成功裏に戦略的防衛作戦を実施した。

ウクライナの通信会社もよくやった。侵攻初日に、ロシア、ベラルーシとウクライナとの通話を遮断した。モバイル・インターネットの通信容量も下げ、ウクライナの通信網を使う必要があったロシア軍の通信手段は機能しなくなった。結果、ロシア軍人は一般の携帯電話で連絡を取るようになり、多くの通話が傍受された。今後、戦犯法廷での証拠になる。

また、米国の企業家イーロン・マスクが提供してくれた衛星インターネット・サービス「スターリンク」がウクライナ側にとって重要な役割を演じた。おかげでマリウポリのような最前線からも外界へ発信できる。この戦争は、安全保障分野が発展すべき新しい方向性を示した」

戦法、地勢、練度、兵站といった従来の課題。そして、作戦に必要不可欠な通信における水面下の攻防。この戦争は古くもあり、新しくもある。ウクライナの通信網については、ロシア軍が電波塔を破壊して遮断し、墓穴を掘ったというハルキウなどでの事例も報じられている。ハラは侵攻による幅広い被害も指摘する。

「ロシア軍は侵攻当初から、ウクライナの軍事インフラだけでなく産業基盤も破壊している。工場、物流施設、エネルギー関連施設を破壊し、ウクライナ経済を二、三〇年前のレベルに引き戻そうとしている。我が国では輸出入の最大七割が南部オデーサなど黒海の港を経由している。ロシア軍による港の封鎖は世界的な問題だ。大量の穀物が出荷できなくなっている。国連の推計によると、この封鎖で世界の四四〇〇万人以上が飢えに苦しむことに。経済的観点からも、アフリカなどでの人道的大災害を防ぐという観点からも、港の封鎖を解除することは重要だ」

穀物輸出問題については、両国と仲介役のトルコ、国連の四者が七月下旬に海上輸送再開へ向けた合意文書に署名し、八月からの輸出再開が実現した。ただ、合意直後にロシア軍がオデーサの港湾施設をミサイル攻撃するなど、安定した輸送が長期的に継続できるかは未知数だ。

†米欧も恐れるロシア分裂

ハラの話は、ウクライナに関するプーチン政権の主張に転じた。

「プーチンはプロパガンダ目的でウクライナのロシア語話者やロシア系住民に対する〝虐殺と嫌がらせ〟について語っているが、そのような事実はない。私自身、ドネツク出身で人生の半分をドネツクで過ごしてきた。ロシア語が母語で、民族的にはウクライナ人ではないが、ハラスメントを経験したことはない。

ロシアからのウクライナに対するもう一つの告発はまったく狂っている。我が国が米国と一緒に国内の生物研究所で生物兵器を製造した、という。この主張が、米国が〇三年にイラク侵攻を正当化した際のロジックを参照しているのは明らかだ。当時、米国はイラクのフセイン政権が大量破壊兵器を開発したと非難していた。だが、イラクとは異なり、ウクライナは過去に化学兵器を使用したことなどない。ロシアはこのように米欧の過去の動きを真似して繰り返すことがよくある。

さかのぼると、一九九一年の湾岸戦争はテレビ中継された初の戦争だった。米軍などによる対イラクの「砂漠の嵐作戦」はロシアの軍人と政治家に大きな心理的打撃を与えた。そして今、彼らはその打撃の傷を修復しようとしている。米欧並みの精密兵器や軍事技術の保有を示そうとしているが、実際には追いつけていない。

バルカン半島のコソボ紛争における九九年のNATO軍のユーゴスラビア空爆も、ロシアにとってはトラウマになった。当時、ロシアは、米国とその同盟国が国際法に反する主権国家への軍事作戦を実行したと訴えた。ロシアは現在、自分たちにもそれができることを示している。核を持つ超大国なので、国際法も国連安保理決議も必要とせず、こういうことができるのだ、と。

ロシアは米国とNATOが軍事介入したすべての紛争を一貫した反露的行為と見なしている。彼らにはこういう「ロシア中心主義」がある」

ハラは外交専門家として、ロシアの主張と行動の裏にある「トラウマ」を解きほぐして見せる。イラク戦争の開始やユーゴ空爆はプーチンがたびたび言挙げする現代史の事件である。ただ、いずれも二〇〇〇年代初頭までの出来事で、「世界の警察官」とまで呼ばれた米国の一強時代は過去の話である。現代の内向き化した米国にとって、覇権的な中国にどう向き合うかが最大の課題であり、ロシアとは安定した関係を築こうとしていたはずだ。被害妄想的とも言えるこの「ロシア中心主義」を理解することは、今回のウクライナ侵攻の開戦理由を考えるときに、一つ欠かせない要素であろう。

「この戦争は絶対的に愚かだ」。ハラは語気を強める。「我々ウクライナには、ロシアを攻撃するといったクレイジーな計画などなかった。今回の戦争はロシア連邦の崩壊につながり得る。経済だけでなく、プーチン政権の構造にも打撃を与える。近い将来はまだ政権を維持できるだろうが、やがて彼が作った統治システムの崩壊へ至るだろう。ロシア経済は制裁が強化されると機能しなくなる。米欧の石油禁輸措置などは国家予算への手痛い打撃になり、時間が経つとプーチンはこの戦争を継続しがたくなる。

さらに、ロシア国民の服従を維持するのに必要な治安機関を支えるのも難しくなる。生活レベルの低下を背景として、連邦内の地方における問題も生じ得る。連邦中央からチェチェンなどの北カフカスやシベリアといった貧しい地域への補助金が減っていけば、忠誠心は弱くなる。連邦の統合は崩れ、ばらばらになっていく。

ただ、米欧はこのプロセスを止めようとするだろう。ロシア連邦が分裂して、大量の通常兵器、化学兵器、生物兵器、核兵器を持ったいくつもの〝戦う公国〟にならないようにと。この問題についても議論する必要があるが、米欧は話すのを恐れている」

ロシアの将来に関する一つの可能性の指摘だ。現代の中央集権的なロシアだけを見ていると「そんなことが起き得るだろうか?」と疑問を抱くかもしれない。だが、ソ連の崩壊過程や、ソ連崩壊後当初のロシアの統合の弱さを考えれば、ないとは言えない将来像と感じる。ロシア寄りの中国や、中立的なインド、トルコ、アラブ諸国などが経済的にどこまでロシアの支えになるかが、先行きを大きく左右するだろう。ロシア中央と地方のいびつな関係については、先のガルマシュの話とも重なる。

†クリミア半島の重要性

ひるがえって、ウクライナ側についてもハラの考えを聞きたい。ゼレンスキー大統領や軍の動きをどう評価しているのか。

「ロシアの侵攻開始まで、ウクライナ社会には大統領の発言について多くの疑問と批判があった。だが、二月二四日にすべて変わった。特に彼がキーウから避難しなかったことが重要だ。彼は残って米欧の政治家たちとやりとりを始めた。（ロシアに弱腰の）ドイツなどには厳しい態度も示し、これは肯定的な結果をもたらした。その後、ロシアが停戦合意へ向かうだけの損失を与えられるようにと、ウクライナへの支援は増大した。ブチャなどキーウ近郊での惨劇が明らかになった後、米欧諸国は見方を変えた。ロシアと話をつけようという方向から、ウクライナを勝たせなければという方向に転換した。

ウクライナ軍は占領者たちを倒しながら、我が国にとって容認できる戦争終結後のロシアとの合意の基礎を構築している。私は今後、ドンバスにおいて「我々はさらに進攻すべきか否か？」という問いが生じると考えている。これはとても複雑な問題だ。

世の中には人間中心のシステムと国家中心のシステムとがある。プーチンにとって将兵数万人の損失はまったくの許容範囲だ。だが、ウクライナにとっては、こんな戦死者数は許容できない。ロシアには国家指導者と呼ばれるものがおり、彼が定めた目標が合法か否か、公正か否かを問わず、ロシア人はただその目標へと向かう。彼らは無意味に死んでいく。ウクライナでは異なる。市民一人一人、兵士一人一人に価値がある。我々にとって人の死は非常に痛ましい。

ロシアをウクライナの占領地域すべてから追い出すかどうかの問題は、最小限の損失でそれを実行可能かという能力の問題と関わる。ここにおいて、米欧による長距離砲や航空戦力の供与が鍵を握る。これらの兵器供与が実現した後、決定がなされる。我々はロシア兵がどれだけ死のうが関係ない。痛ましいのは自国民の死であり、それによって決定が左右される」

戦闘継続による領土回復と、犠牲の抑制という両立しがたいトレードオフを巡る重い話だ。ロシアにおいても、家族や友人は戦死者をあつく弔う。だが、プーチン政権が国家として兵士を使い捨てにしている側面は否定できないのではないか。ハラは、ウクライナはそうしたロシアとは違うと主張する。

そうであるならば、徹底抗戦を支持する多数派の民意が中長期的には変化していく可能性がある。この見方は、ガルマシュとは少し異なる。ただ、戦争の人的犠牲を重く見る一方で、占領地域で殺害・抑圧される同胞を救いたいという民意もあるのではないか。ウクライナがどこまで戦い続けるか、戦い続けられるか。それは国内外の「変数」によって決まっていく。

続けて、ハラはきっぱりと言う。

「こうした占領地域のうち、ドネツク、ルハンシク両州よりもクリミア半島がウクライナに戻ることが重要だ。クリミアは我が国の安全保障にとって非常に大事だからだ。クリミアを掌握する者は黒海航路からウクライナを切り離し、黒海北部のすべてでも掌握できる。クリミアを掌握する者は、そこにミサイル・システムや航空戦力を配置し、ウクライナ内奥のキーウまで攻撃できる。これは今、起きていることだ。我々はロシアによるクリミア占領を許すことはできない。他の黒海沿岸諸国にとっても、地中海沿岸国や中東諸国にとっても脅威だ。クリミアはウクライナに戻さなければならない。ここに妥協はない」

クリミア半島は歴史的に親露派住民が多く、以前から租借協定によってロシア黒海艦隊の基地があるなど、ウクライナにとって取り戻すのが最も難しい領土という見方が一般的だ。しかし、ハラはクリミアこそが地勢上、ウクライナ本土の急所になっており、奪還が必須と主張する。「本土の急所」という見方については、ウクライナ軍なども共有しているのだろう。この観点は頭に入れておきたい。

†ウクライナのパートナーは

――それでは、果たしてロシアとの停戦合意は可能だろうか？

「ロシアとの停戦合意はあり得ないと考えている。プーチンはソ連の独裁者スターリンとよく似ている。彼はこの二〇年間、政権を掌握し、スターリンのような個人崇拝を作り上げた。〝強いリーダー〟という自身のイメージを形成した。それは、目的達成のためには決してひるまないという指導者像だ。そして、掲げるのは「偉大なるロシア」というテーゼ。もし彼がいま停戦合意を承諾すれば、数万人のロシア兵や途方もない数の兵器を犠牲にし、経済制裁による損失まで受けたのに、何一つ達成しないという結果になる。だから、彼はこの戦争をやめられない。

彼は長い時間をかけて、自国ロシアをこのような戦争に向けて準備してきた。国家資産を蓄積し、社会に対しては「ウクライナに巣くうナチス主義者」というプロパガンダを教え込んできた。自身が約束したことを達成せずにやめることは彼にはできない。もしやめれば政権を失う。

ロシアは米国と並び、強大な核戦力を保有する。自国を世界第二位の軍事大国だと考え、少なくとも欧州では最強と自分たちをみなしてきた。ところが実際はそうではなかった。

正しい作戦を立案できず、準備は不足し、現代的な軍備が欠如している。これはロシアにとって恥だ。彼らの「特別軍事作戦」が始まったとき、キーウ、ハルキウ、ドンバス、南部の各方面を別々の将軍が指揮し、お互いに連携しなかった。ロシア軍には二〇世紀後半レベルの戦争遂行能力すらない。米欧の軍人たちはロシアには現代戦の能力がないと酷評している」

プーチンの自縄自縛……。ハラはロシア軍の実力をこき下ろしたが、それでもウクライナ南部や東部で占領地域を確保した現実はある。そして、ロシアはこれらの地域を手放さない姿勢だ。ウクライナ側としても、国土のかなりの部分を占領されたまま、あっさりと停戦というわけにはいくまい。休戦や一時停戦はあっても、戦争終結は遠い。

――ウクライナの将来はどのようであるべき？

「ウクライナは、（ロシアが要求した）安全保障上の中立国になる必要はない。一四年当時のウクライナは非同盟国だったが、これはロシアの侵攻を止める助けにならなかった。ロシアからの「安全の保障」を真剣なものと受け取ることは不可能だ。ロシアは国連憲章を破り、全欧安保協力機構（ＯＳＣＥ）の規約も破り、ブダペスト覚書など数々の重要な国際文書や二国間文書を破った。

ロシアは核兵器保有国であり、この戦争で敗北を喫しても一億四〇〇〇万人という巨大な人的ポテンシャルが残る。一方のウクライナは人口四〇〇〇万人であり、経済面でも天然資源の面でも比較にならない。フィンランドのような強い国でさえも、NATOに加盟しようとしている。ロシアはあらゆる場所で武力公使を始め得ると理解しているからだ。

ロシアは侵略的な国家であり、侵略の実現に十分な力があると認識したときにそれを実行している。我々はウクライナを非同盟や中立という状態に置くことには賛同しかねる。それではこの先、五〜一〇年後に次の侵略の犠牲になる。米国の戦略的パートナーになるという方法もあるだろう。米国とイスラエル、台湾との間にある関係に類似したものだ。そうすると、米国にはロシアからウクライナを守るために軍事支援をする法的義務が生じる」

ガルマシュはウクライナのNATO加盟を口にしたが、実際には困難だろう。全加盟国の同意が必要であり、NATOには対露関係を維持するトルコも含まれる。また、ロシアとの戦争が続く限りは、ウクライナが加盟すれば、NATO諸国はロシアとの戦いに直接巻き込まれる可能性が出てくる。NATO条約第五条で集団的自衛権の行使が定められているからだ。ロシアが先制攻撃してくるおそれもあるだろう。米露核大国同士の戦争、第三次世界大戦につながる道であり、NATO諸国は避けるはずだ。それに比べると、ハラが示す米国との戦略的パートナーという代案はまだ現実的なのかもしれない。

「ロシアや東欧に関心がない世界の多くの人々にとっては、この戦争は二〇二二年二月二四日に突然始まった。しかし、現実はそうではない。活発な段階は一四年二月以降、ロシアが不法にクリミアを併合し、ドンバスで代理戦争が始まったところからスタートした。だが実際のところ、ウクライナの独立当初からロシアはクリミア併合を試みてきたし、ウクライナ東部や南東部のロシア語圏の不安定化を試みてきた。これはつまりプーチン個人だけではなく、ロシアの政治文化、イデオロギー、指導層と関係がある」

ハラもまた、ウクライナを蹂躙するロシアの姿勢は「構造的」という見方だ。そして最後に、祖国における希望について語った。

「ウクライナの未来は民主主義的なものとみている。国民が何度も示してきたように、人々は民主主義のルールの下で暮らしたいと望んでいる。私たちは世界の一部だ。各国からの支援を目にするのは素晴らしい。重要なことには各国の市民が私たちを励ましている。日本でも、地方に暮らす人々までがウクライナに共感しているという駐日大使の話を聞いた。これは非常に感動的だ。私たちは、我が国を見捨てないこの良き世界の一部であることを理解している」

ウクライナ東部出身の識者二人の見方はかなりの部分で重なっていた。ウクライナの徹底抗戦姿勢は世論がリードしているという点、占領地奪還の必要性、帝国主義的なロシアの構造的問題……。日本など外部から見ると二人は対露強硬のタカ派論者と映るだろうか？　だが、戦時下のウクライナ国内では突出した見解ではない。

ポイントは「我が身に置き換えて考えたらどうか」ということだ。ロシアが自国領編入を強行したクリミア半島、傀儡「国家」を置いたドンバス、軍事占領を進める東部と南部の一部地域について、例えば、日本で北海道や東北地方が他国に占領されたと想像してみてはどうか。九州や沖縄と想定してもよい。「奪還しなければ」という議論は国内で大勢を占めるのではないだろうか。国外から「無理だからあきらめろ」と言われても、ほとんど響くまい。「力の論理」を是として弱い側に不正義を押しつけるならば、現代の国際秩序は止めどなく崩れてゆく。

†二〇二二年五月から八月の戦況

五月以降の戦況と関連する国際政治の動きを記録しておく。五月二〇日、ロシア国防省は南東部の要衝マリウポリの完全制圧を発表する。プーチン大統領は五月下旬、ロシア軍が占領した南部ヘルソン州全域とザポリージャ州の一部を対象に住民のロシア国籍の取得手続きを簡素化する大統領令に署名。実効支配を強化する姿勢を見せた。

六月初旬、ゼレンスキー大統領が「ロシアによる占領地域はウクライナ国土の二〇％、約一二万五〇〇〇平方キロに及ぶ」と演説で明かした。クリミア半島、東部ドンバス二州の親露派支配地域、ヘルソン州などのエリアとみられ、ベネルクス三国（ベルギー、オランダ、ルクセンブルク）の合計面積よりも広いと強調した。こうした中、欧州側は連帯を示す意味で六月下旬に欧州連合（ＥＵ）首脳会議がウクライナをＥＵの加盟候補国として承認した。ただ、早期に加盟条件を満たすのは困難で象徴的な意味にとどまる。

ウクライナ軍が六月末、ロシア軍が二月から占拠していた黒海沿岸の要衝ズミーニー（ズメイヌイ）島を奪還する。対するロシア軍は七月三日、東部ルハンシク州全域を制圧。続けて、ロシア側が約六割を支配下に置くドネツク州で、政府側支配地域への攻勢を強めた。プーチンは同七日、露下院の各会派代表者との会合で「私たちがまだ何も本気で始めてはいないことを、誰もが知っておくべきだ」と豪語した。ウクライナ側は七月中旬以降、米国から新規供与された高機動ロケット砲システム（ＨＩＭＡＲＳ）を前線に投入してヘルソン州などで反転攻勢を強めた。

八月に入り、クリミア半島ではロシア軍の空港や基地、弾薬庫で爆発が相次いだ。ウクライナ軍は当初は関与をあいまいにしていたが、後にミサイル攻撃などの実施を認める。ゼレンスキー大統領も八月二三日、「他国とは相談せず、自らが正しいと考えるあらゆる手段でクリミアを取り戻す」と発言し、軍事的手段も排除せずに半島を取り戻す意思を鮮明にした。二月の開戦以来、クリミアから七五〇発のミサイルがウクライナ各都市に撃ち込まれたと説明し、奪還の必要性を強調した。

八月二四日、ロシア軍の侵攻開始から半年が経過した。この時点での国連諸機関のまとめによると、民間人の死者は少なくとも五五一四人（マリウポリなどは含まず）、国外避難民約一一一五万人、国内避難民約六六四万人——を数えた。公になっている戦死者数は、ウクライナ側は約一万人（政府高官の六月中旬の発言）、ロシア側は一三五一人（国防省が三月下旬に発表）である。双方とも大幅に少なく公表しているとみられ、ロシア側の死傷者について米国防総省は七～八万人と推測した。それぞれ数万人規模の戦死者が出ている可能性は否定できない。

戦争が長引く中、軍備において劣勢のウクライナ側を米欧の兵器供与が支えてきた。特に米国は侵攻開始からの半年間で計約九九億ドル（約一兆三五〇〇億円）という巨額の軍事支援を実施した。供与する兵器は当初、携行式の対空・対戦車ミサイルが中心だった。やがて東部や南部が主戦場になると、榴弾砲やロケット砲システムなど重火器の提供を強化した。それでもロシア軍を撃退するには十分ではなく、プーチン政権を刺激しすぎないように抑制した支援との見方が強い。ウクライナの反転攻勢は支援の度合いによって大きく左右される。

†九月の動員令と住民投票

九月に入ると、ロシア軍が侵攻当初に制圧し、軍事拠点化したウクライナ南部ザポリージャ州エネルホダール（エネルゴダール）のザポリージャ原発が焦点となった。周辺での戦闘を巡って、双方が「相手側が原発に対して危険な砲撃を実施した」と非難。軽水炉六基を有する欧州最大の同原発では、送電線が切断されるなど原発事故の懸念が強まり、国際原子力機関（IAEA）の視察団が事態改善のため現地入りした。万一、事故が起きれば広範な被害が予想されるからだ。

ウクライナではソ連時代の一九八六年にチョルノービリ（チェルノブイリ）原発事故が起き、国土の一割が汚染され、多くの市民に健康被害をもたらした。私は事故三〇年の二〇一六年に現地取材した。現代のウクライナは世界八位の原発大国だ。国内四カ所に計一五基の原発を持ち、電力供給に占める原発の比率は五割を超える。原発公社エネルゴアトムのネダシコフスキー総裁（当時）は取材に「福島の事故を教訓として、洪水の恐れがある川沿いの原発ではディーゼル発電装置を追加するなど安全面を徹底的に見直した」と強調していた。一方、長年チョルノービリ事故の健康問題に取り組んできたアンゲリーナ・ニャーグ医師は「現代では原発へのテロ攻撃の危険も高まっている。事故が起きれば、終わりのない新たな惨事になる」と警鐘を鳴らした。二人の予想をはるかに超えて、戦争という危機が原発に迫った。

九月中旬、ウクライナ軍は東部ハルキウ州での電撃的な反転攻勢に成功し、州内の多くの地域を取り戻した。ゼレンスキー大統領は、九月に入って東部と南部で約八〇〇〇平方キロの地域をロシア側から奪還したと表明した。ハルキウ州では特にロシア軍が兵站拠点としていた要衝イジュームやクピャンシクを制圧し、ロシア側に打撃を与えた。そのイジュームでは集団墓地が見つかった。

九月下旬、戦線で押されたロシア側は新たな手に打って出る。予備役が対象という部分的な動員令を出し、兵員の補充を始めた。続けて、ウクライナ東部ドネツク、ルハンシク両州、南部ザポリージャ、ヘルソン両州の占領地域で現地の親露派勢力による「住民投票」を強行、ロシア領への編入に賛成する票が四州それぞれ九〇％前後に上ったと発表する。九月三〇日、プーチンはモスクワのクレムリン（大統領府）で四州の親露派指導者と「編入条約」に調印する式典を開き、占領地域が「ロシア領になった」と強弁した。一四年のクリミア編入時とほぼ同様の、国際法違反の茶番である。ドネツク、ザポリージャ両州に至っては全域を支配しない状況下での編入宣言となり、泥縄ぶりを露呈した。

対するウクライナ側は、ゼレンスキーが同じ三〇日にＮＡＴＯへの加盟を正式申請すると表明した。侵攻当初の停戦交渉で提示した「中立化」では国の安全は守れないと判断し、ロシアへの対抗姿勢を改めて強調した。ただ、ＮＡＴＯのストルテンベルグ事務総長は「加盟に関する決定には全加盟国の合意が必要」と原則論を述べ、慎重な対応にとどまった。

戦況は一進一退が続く。ただ、プーチン政権は「譲れない一線を越えた」と判断すれば核などの大量破壊兵器を使用する恐れも排除できない。この点が最も危惧される。

†プーチンの反米主義

アレクサンドル・ハラが指摘したプーチン政権の「ロシア中心主義」は、この戦争がなぜ起きたのかを考える際に一つのカギとなる概念だ。ソ連崩壊以降の国際的な出来事をすべてロシアが被害者であるかのように解釈し、「被害回復」の権利があると主張する。世界中、どこの国でも国益を追求するのは当然だが、ロシアの場合は周辺国の国益を大いに害してでも自国の国益を優先できる特権があるかのように振る舞う。プーチンやその側近は「米国が特権をふりかざしてきた」としばしば主張する。冷戦終結以降十数年間の歴史を振り返れば、その主張自体は否めない面があるものの、「今度は我々の番だ」と言わんばかりのロシアの行動は看過してよいものではない。

これまで述べたように、ロシアとウクライナの間には、歴史や領土、文化、民族、愛憎が入り組んだ複雑さがある。それは確かだ。だが、日本でも在日コリアンや琉球王国、アイヌ民族、領土問題を巡る複雑さがあるように、世界各国がこうした複雑さを内包している。例えば、ウラジオストクを含む極東地域は、帝政ロシアが一九世紀半ばに清王朝との不平等条約によって獲得したエリアだ。中国側には返還論もくすぶっている。領土や民族を巡る過去の経緯を「何が何でも正そう」とするならば、次々と戦争が起きてしまう。

なぜ今、ロシアだけが「武力による現状の変更」を許されるというのか。プーチン政権はそこにおいて、自国が核大国であることも強調し、核の脅威をことさらに悪用している。米国であろうが、ロシアであろうが、中国であろうが、核大国だけが傍若無人に振る舞って良いという前例を認めない――。ロシアのウクライナ侵略戦争に対する第三国の立場としては、最低限そうあるべきではないだろうか。

プーチンが繰り返し批判する米国の二つの戦争、イラク戦争とアフガニスタン戦争について少し触れておこう。いずれも開戦はブッシュ（子）政権時代の二〇〇〇年代初頭で、二〇〇一年九月の米国中枢同時多発テロがきっかけだった。いずれも「誤った戦争」との評価が優勢だが、現地の人々の思いは複雑であるのも事実だ。打倒されたイラクのサダム・フセイン政権、アフガンのタリバン政権は共に非民主的な独裁体制だったからだ。

特にフセイン政権には「ならず者国家」と言われても仕方ない側面があった。イラン・イラク戦争末期の一九八八年には自国北部ハラブジャで化学兵器を使用し、クルド人五〇〇〇人を殺害した。クルド人が「敵国イランと内通している」と疑ったためとされる。また、九〇年には隣国クウェートへ侵攻して全土を一時占領した（九一年の湾岸戦争で撤退）。

米軍主導の「有志連合」が〇三年にフセイン政権を倒した。少数派のイスラム教スンニ派主体だったフセイン政権の消滅後、国民の六割を占めるシーア派勢力が台頭する。〇六年には両派の対立が激化し、一時内戦状態に陥った。さらに一一年の米軍撤退後、スンニ派系の過激派組織「イスラム国」（ＩＳ）が伸長する。ＩＳは一四～一七年にかけて、イラクとシリアの両国にまたがる広大な領域を暴力で支配した。その後もイラクでは不安定な政情が続く。

「フセイン時代はすべてにおいて暗黒だった。米国による政権打倒は良いことだったが、その後、米国はイラクに混乱を生み出した」。イラク政府傘下のシーア派民兵組織「人民動員部隊（ＰＭＵ）」の地方旅団司令官、アドナン・アルシマーニ（五三）は二一年秋、バグダッドの事務所で私の取材にこう強調した。博士号を持ち、シンクタンクも主宰する学究肌で知られる人物だ。

スンニ派住民が集住する三角地帯「スンニ・トライアングル」に含まれる中部の小都市

ファルージャを訪ねると、フセイン時代に軍将校だったジャード・アルドレイミ（五五）が「今のイラク諸政党は周辺各国の代理勢力だ。支配層には国家への忠誠心がない」と憤りを口にした。現代のイラクでは隣国イランと米国が影響力を競う面があるからだ。一方、ファルージャで食料品店を経営するアリー・アルファルージ（三三）は「治安は改善し、多くの復興工事が実施されている。地元行政はよくやっている」と前向きに語った。選挙を通じてスンニ派も国政で一定の勢力を保つようになり、長年の戦乱で深く傷ついた街に変化の兆しが現れていた。

アフガンについては、エジプトに一〇〇〇人近くいるアフガン人留学生の一部に二一年秋、カイロで話を聞いた。彼らはイスラム主義組織タリバンの支配復活で人権侵害が日常化する恐れを指摘し、国際社会に「タリバン主導の政権は承認せず、国連などを通じて支援して欲しい」と訴えていた。「米軍がやって来たのが誤りではなく、去ったのが誤りだった。撤収が無ければアフガンは多民族が共存する民主国家であり続けたと思う」。名門カイロ大学で学び、医師を目指すタジク系の男性ベラル・アフメド（二〇）は悔しそうに語った。

プーチンはウクライナ侵攻にあたっての演説（二二年二月）で「米国が自らの法と秩序をもたらした世界中のほとんどすべての場所で、癒えない傷と、国際テロリズムと過激主義の呪いが生み出されたようだ」と語った。結果論で言えばそうかもしれないが、現地の人々に取材して見えてくる現実はそこまで単純ではない。「米国が自らの法と秩序をもたら」さなかったとしたら、イラクとアフガニスタンには別の苛烈な状況があったはずだ。翻ってロシアのウクライナ侵略は、米国の二つの戦争をまねたロジックを含むものの、実際には「自らの法と秩序をもたら」すものとすら言い難い。根拠薄弱なウクライナによる「ドンバス住民の虐殺」や「ロシア攻撃の脅威」などを理由に、民主国家へ攻め込んだ。

プーチンは六月、崇敬する帝政ロシアのピョートル大帝（一六七二～一七二五年）に自らを重ねるようにして、こう語った。「昔も今も変わらない。大帝はスウェーデンとの戦争で昔からスラブ人が住んでいたロシアの領土を取り戻したのだ。取り戻し、国を強くするのは私たちの義務である」。歴史を都合良く持ち出し、邪心をはらんだウクライナ侵攻を正当化しようとしている。

ドンバス出身の二人の識者はロシアの将来についても語った。果たしてロシア連邦はこの先、崩壊へ向かうのだろうか。いまや一〇年後のロシアを予想するのは難しい。

ウクライナ侵略を決断したプーチンは既に七〇歳の高齢となり、長期的にバランスが取れた国益の追求よりも、目先の欲求に突き動かされているように見える。長年ほとんど同じ顔ぶれの政権高官は以前にも増して阿諛追従の姿勢を示す。国民はと言えば、恒常的なプロパガンダと弾圧のムチによって、政権に賛同するか沈黙するかのどちらかだ。それでも、プーチン政権としては世論の急変を恐れ、国家総動員や宣戦布告には容易に踏み切れない現実もある。経済面では、反米で共闘する中国や中立的なインド、中東・アフリカ諸国などに支えられ、じり貧だが急落は避けられている。ただ、「慣性の法則」が強く働きそうな一方、ロシアでは二〇世紀に革命やソ連崩壊というダイナミックな動きもあった。予断を許さない。

この戦争は簡単には終わらない。そして、世界の関心は徐々に目移りしていくだろう。ウクライナ出張最終日、助手のビクトル、運転手のエフゲニーから突然のプレゼントをもらった。青と黄の二色のウクライナ国旗だ。隅に英語で私の名前が刺繍され、中央にはウクライナ語で「ロシアの軍艦、くそ食らえ!」と記されている。エジプト帰還後、カイロ支局の執務室にこの旗を張った。日々のニュースを追いながら、ウクライナとロシアのことを考えている。

あとがき

中東から見える国際社会の風景がある。今、エジプトにいて私が感じるのは、この地域における米国の退潮だ。例えば、サウジアラビアやエジプトなど親米アラブ国家の間で、米国頼みだった兵器調達を見直す動きが加速している。中国、ロシア、フランスなどが新たな調達元や協力相手として存在感を増す。

米国は人権状況を理由に軍事支援を一部停止するなど、権威主義的な政権にとって心地よい同盟相手ではないことが一因だろう。米国側も、エネルギー資源の自国生産が増加し、また強大化する中国に対抗するためアジア・シフトが必要になり、徐々に中東離れを進めてきた。米国の内向き化も進む中、中露の影響力拡大はアフリカや東南アジアでも見られる現象だ。冷戦崩壊後に続いた米国の一極時代は過去のものとなり、多極的な世界に移行している。

ロシアのウクライナ侵攻は変容する国際環境の中で起きた。プーチン大統領は、表向きは「一極主義的な米国の横暴」に立ち向かうと主張しつつ、実際には米国が「世界の警官」であることをやめた多極化時代の状況を利用している。内向きになった米国がウクライナに直接の軍事介入をすることはないと判断しなければ、侵攻には踏み切れなかったはずだ。ただ、ウクライナ侵攻は間違いなくロシアの国力を削いでゆく。帝国主義的な野望を抑えられなかったプーチンは百年の計を誤った。

私は新聞社における「ロシア屋」（ロシア・ウオッチャー）の端くれとして、引き続きロシアとウクライナの状況を見つめ続けたい。その多くは哀しい現実となろうが、極力感情を交えずに向き合うしかない。まずはウクライナ取材の現地報告として本書をお届けする。戦争勃発直前と戦時下の緊迫した状況で取材に応じてくれた皆さんに改めて感謝をお伝えしたい。

現地出張ではアンゾール、ビクトル、エフゲニー、オレフの臨時助手各氏、及び写真家の尾崎孝史さんの助けを得た。国営ウクルインフォルム通信の編集者、平野高志さんには侵攻直前にキーウでお話しする機会をいただき、著書『ウクライナ・ファンブック』（パブリブ、二〇二〇年）も参考にさせていただいた。

毎日新聞社の同僚では、五月の出張を共にし、ブチャでの取材成果の利用を快諾してくれたエルサレム支局の三木幸治、メディア規制が強まるロシアから深層を伝える記事を発信し続けたモスクワ支局の前谷宏、本社外信部デスクとしてウクライナ報道を統括した大前仁——の三記者に特に敬意を表したい。モスクワ支局とカイロ支局のスタッフ、外信部各位の支援にも助けられた。

本書の執筆を勧めてくれたジャーナリストの曽我部司さん、迅速に企画を受け入れてくださった筑摩書房の松本良次さんにお礼を申し上げる。最後に、妻と愛犬イリコ（九月永眠）にも感謝したい。

二〇二二年初冬

エジプト・カイロの支局兼住宅にて

真野森作

ちくま新書
1702

ルポ　プーチンの破滅《はめつ》戦争《せんそう》
――ロシアによるウクライナ侵略《しんりゃく》の記録《きろく》

二〇二三年一月一〇日　第一刷発行

著者　真野森作（まの・しんさく）
発行者　喜入冬子
発行所　株式会社　筑摩書房
東京都台東区蔵前二-五-三　郵便番号一一一-八七五五
電話番号〇三-五六八七-二六〇一（代表）
装幀者　間村俊一
印刷・製本　三松堂印刷　株式会社

ISBN978-4-480-07527-7 C0231

1082 第一次世界大戦 木村靖二

第一次世界大戦こそは、国際体制の変化、女性の社会進出、福祉国家化などをもたらした現代史の画期である。戦史的経過と社会的変遷の両面からたどる入門書。

1083 ヨーロッパ思想を読み解く ――何が近代科学を生んだか 古田博司

なぜ西洋にのみ科学的思考が発達したのか。その秘密をカント、ニーチェ、ハイデガーらに探り、西洋独特の思考パターンを対話形式で読み解く。異色の思想史入門。

1147 ヨーロッパ覇権史 玉木俊明

オランダ、ポルトガル、イギリスなど近代ヨーロッパ諸国の台頭は、世界を一変させた。本書は、軍事革命、大西洋貿易、アジア進出など、その拡大の歴史を追う。

1278 フランス現代史 隠された記憶 ――戦争のタブーを追跡する 宮川裕章

第一次大戦の遺体や不発弾処理で住めない村。第二次大戦の対独協力の記憶。見捨てられたアルジェリアのフランス兵アルキ……。等身大の悩めるフランスを活写。

1289 ノーベル賞の舞台裏 共同通信ロンドン支局取材班編

人種・国籍を超えた人類への貢献というノーベルの理想、しかし現実は。名誉欲や政治利用など、世界最高の権威ある賞の舞台裏を、多くの証言と資料で明らかに。

1327 欧州ポピュリズム ――EU分断は避けられるか 庄司克宏

反移民、反グローバル化、反エリート、反リベラルが世界を席巻！ EUがポピュリズム危機に揺れる理由は、その統治機構と政策にあった。欧州政治の今がわかる！

1345 ロシアと中国 反米の戦略 廣瀬陽子

孤立を避け資源を売りたいロシア。軍事技術が欲しい中国。米国一強の国際秩序への対抗……。だが、中露蜜月の舞台裏では熾烈な主導権争いが繰り広げられている。

ちくま新書

1377 ヨーロッパ近代史 君塚直隆

なぜヨーロッパは世界を席巻することができたのか。「宗教と科学の相剋」という視点から、ルネサンスに始まり第一次世界大戦に終わる激動の五〇〇年を一望する。

1400 ヨーロッパ現代史 松尾秀哉

第二次大戦後の和解の時代が終焉し、大国の時代が復活し、危機にあるヨーロッパ。その現代史の全貌を、国際関係のみならず各国の内政との関わりからも描き出す。

1443 ドル化とは何か
——日本で米ドルが使われる日 土田陽介

財政破綻に陥った新興国で進む「ドル化」。自国通貨と共に外国通貨を利用するこの現象を通じて、通貨危機の足音が着実に忍び寄る日本経済の現状を分析する。

1477 EU離脱
——イギリスとヨーロッパの地殻変動 鶴岡路人

ついに離脱を現実のものとしたイギリスが失うものとはなにか? 一枚岩になれないEUはどうなるのか? なお問題山積のヨーロッパの現在を最も正確に論じる。

1550 ヨーロッパ冷戦史 山本健

ヨーロッパはなぜ東西陣営に分断され、緊張緩和の後は一挙に統合へと向かったのか。経済、軍事的側面にも注目しつつ、最新研究に基づき国際政治力学を分析する。

1572 現代ロシアの軍事戦略 小泉悠

冷戦後、弱小国となったロシアはなぜ世界的な大国であり続けられるのか。メディアでも活躍する異能の研究者が戦争の最前線を読み解き、未来の世界情勢を占う。

1601 北方領土交渉史 鈴木美勝

「固有の領土」はまた遠ざかってしまった。歴代総理や官僚たちが挑み続け、ゆっくりであっても前進していた交渉が、安倍外交の大誤算で後退してしまった内幕。

ちくま新書

1664
国連安保理とウクライナ侵攻
小林義久
5常任理事国の一角をなすロシアの暴挙により、安保理は機能不全に陥った。拒否権という特権の成立から、国連を舞台にしたウクライナ侵攻を巡る攻防まで。

1668
国際報道を問いなおす
――ウクライナ戦争とメディアの使命
杉田弘毅
メディアはウクライナ戦争の非情な現実とその背景を伝え切れたか。日本の国際報道が抱えるジレンマを指摘し、激変する世界において果たすべき役割を考える。

1688
社会主義前夜
――サン＝シモン、オーウェン、フーリエ
中嶋洋平
格差によって分断された社会を、どのように建て直していくべきなのか。革命の焼け跡で生まれた、〝空想的〟でも〝社会主義〟でもない三者の思想と行動を描く。

1694
ソ連核開発全史
市川浩
史上最大の水爆実験から最悪の原発事故、原発大国ウクライナの背景まで。危険や困惑を深めながら推し進められたソ連の原子力計画の実態に迫る、かつてない通史。

1697
ウクライナ戦争
小泉悠
2022年2月、ロシアがウクライナに侵攻した。21世紀最大規模の戦争はなぜ起こり、戦場では何が起きているのか？　気鋭の軍事研究者が、その全貌を読み解く。

935
ソ連史
松戸清裕
二〇世紀に巨大な存在感を持ったソ連。「冷戦の敗者」「全体主義国家」の印象で語られがちなこの国の内実を丁寧にたどり、歴史の中での冷静な位置づけを試みる。

994
やりなおし高校世界史
――考えるための入試問題8問
津野田興一
世界史は暗記科目なんかじゃない！　大学入試を手掛かりに、自分の頭で歴史を読み解けば、現在とのつながりが見えてくる。高校時代、世界史が苦手だった人、必読。